D1718509

hänssler
KINDERLAND

103

Kinderfragen
nach richtig und falsch

Herausgegeben von
Ute Mayer

Die Deutsche Bibliothek – CIP-Einheitsaufnahme

103 Kinderfragen nach richtig und falsch / hrsg. von Ute Mayer.
[Übers. von Damaris Müller]. – Neuhausen-Stuttgart: Hänssler, 1997
(Hänssler-Kinderland) (Hänssler-Taschenbuch)
Einheitssacht.: 103 questions children ask about right from wrong <dt.>
ISBN 3-7751-2686-4
NE: Mayer, Ute [Hrsg.]; Hundertdrei Kinderfragen nach richtig und falsch;
EST

© Copyright der amerikanischen Ausgabe 1995 by Tyndale House
Publishers
Produced for Tyndale by Lightwave Publishing and The Livingstone
Corporation
Illustrations: Lil Crump
Originaltitel: 103 Questions Children ask about Right and Wrong
Übersetzt von Damaris Müller

hänssler-Taschenbuch
Bestell-Nr. 392.686

© Copyright der deutschen Ausgabe 1997 by Hänssler-Verlag, Neuhausen-
Stuttgart
Umschlaggestaltung: Stefanie Stegbauer
Titelfoto: The Image Bank

Die Bibelzitate wurden der Gute Nachricht Übersetzung © Deutsche
Bibelgesellschaft, Stuttgart, entnommen.

INHALT

Wenn man ein Christ ist und man flucht, kommt man dann trotzdem in den Himmel? **21**

Warum fühle ich mich schlecht, wenn ich etwas Falsches tue? **22**

Was soll ich tun, wenn ich etwas Falsches gemacht habe? **23**

DIE WAHRHEIT SAGEN

Ist es in Ordnung, wenn man ab und zu lügt? **24**

Darf man lügen, wenn einem etwas peinlich ist oder wenn man Angst hat? **25**

Dürfen Mama und Papa uns anlügen, wenn wir sie nach den Weihnachtsgeschenken fragen? **26**

Wenn ich etwas kaputtmache, das jemand anderem gehört, aber ich repariere es wieder, muß ich dann sagen, was ich gemacht habe? **27**

Lügen eigentlich alle Leute? **28**

Ist es falsch, wenn man zu jemandem sagt, daß die Eltern daheim sind, und sie sind gar nicht daheim? **29**

Darf man lügen, wenn man dafür später die Wahrheit sagt? **30**

Darf man lügen, wenn man einen Freund nicht verletzen will? **31**

Was soll ich tun, wenn jemand mich anlügt? **32**

Ist es in Ordnung, wenn man etwas vor seinem Freund geheimhält? **33**

Soll ich anderen die Wahrheit sagen, auch wenn sie es nicht gerne hören? **34**

Wenn es dir nicht gefällt, was jemand anhat, und er fragt dich, ob es dir gefällt, solltest du ihm dann die Wahrheit sagen? **35**

SCHULE UND FERNSEHEN

Ist es falsch, Musikvideos anzuschauen? **36**

Warum machen manche Leute Musik mit schlechten Wörtern darin? **37**

Ist es in Ordnung, wenn man sich schlechte Musikgruppen anhört und dabei nicht auf die Worte hört, die sie singen? **38**

Warum dürfen wir manche Sendungen im Fernsehen nicht anschauen? **39**

Was ist, wenn mein Vater oder meine Mutter mir erlaubt hat, eine bestimmte Sendung im Fernsehen anzuschauen, und dann sagt der andere, ich darf nicht? **40**

FAIR SEIN ODER MOGELN?

Ist es in Ordnung, wenn man sagt, man hat jemanden beim Fangenspielen berührt, obwohl es gar nicht stimmt? **64**

Ist es in Ordnung, wenn man bei einem Spiel mogelt, wenn das Spiel Mogeln heißt und man dabei mogeln muß? **65**

Warum ist es falsch, wenn man bei einem Diktat von jemandem abschreibt? **66**

Was ist so schlimm daran, wenn man beim Sport ein bißchen mogelt? **67**

Ist es Betrug, wenn man die andere Mannschaft gewinnen läßt, wenn sie nicht so gut gespielt hat? **68**

Wenn ich gemogelt und gewonnen habe, muß ich es dann den anderen sagen? **69**

Darf man beim Sport die anderen Spieler austricksen? **70**

Warum betrügen manche Leute, nur um ein dummes Spiel zu gewinnen? **71**

Was soll ich tun, wenn mich jemand betrügt? **72**

WAS DEIN IST, IST AUCH MEIN (STEHLEN)

Warum ist es falsch, Dinge zu stehlen? **73**

Ist es in Ordnung, wenn ich etwas zurückstehle, das mir gestohlen wurde? **74**

Darf man ein Spielzeug behalten, das jemand anderem gehört, wenn er es nicht zurückfordert? **75**

Wenn ein Freund zu mir sagt, daß etwas umsonst ist, und ich nehme es und finde dann später heraus, daß es doch nicht richtig umsonst war, habe ich dann etwas Falsches getan? **76**

Wie kann jemandem »Zeit gestohlen« werden? **77**

Ist es falsch, Computerspiele zu kopieren? **78**

Ist es falsch, Geld zu behalten, das man auf der Straße gefunden hat? **79**

Ist es Stehlen, wenn ein armer Mensch sich etwas zu essen nimmt? **80**

Ist es Stehlen, wenn man sich etwas ausleiht, ohne zu fragen? **81**

Was soll ich tun, wenn ein Freund von mir etwas in einem Laden klaut? **82**

Was ist, wenn man etwas findet, das einem nicht gehört, aber man kann nicht herausfinden, wem es gehört – ist das dann Stehlen? **83**

UND ZULETZT – WICHTIGE KLEINIGKEITEN

EINFÜHRUNG *von Josh McDowell*

Als meine Tochter Kelly in der vierten Klasse war, stießen einige ihrer Mitschüler einen Gegenstand vom Lehrertisch, während die Lehrerin nicht im Raum war. Die Kinder wollten nur damit spielen, aber der Gegenstand zerbrach, und so legten sie ihn einfach wieder an seinen Platz auf dem Lehrerpult zurück.

Nachdem die Lehrerin den Schaden entdeckt hatte, fragte sie eine von Kellys Klassenkameradinnen, was passiert war. Das Mädchen gab dem Druck der Gruppe nach und log. Anschließend fragte die Lehrerin Kelly. Kelly erklärte ganz sachlich, was geschehen war.

Am nächsten Tag ging ich mit Kelly auswärts frühstücken und sagte zu ihr, daß sie das Richtige getan hatte – trotz des Drucks und der Hänseleien, die sie vielleicht von ihren Klassenkameraden zu erwarten hatte.

»Liebling«, fragte ich sie dann, »warum ist Lügen falsch?«

»Weil in der Bibel steht, daß es falsch ist«, antwortete sie.

»Warum steht in der Bibel, daß es falsch ist?«

»Weil Gott es befohlen hat.«

»Warum hat Gott es befohlen?«

»Ich weiß es nicht«, gab sie zu.

Ich nahm ihre Hand und schaute in ihre Augen. »Weil Gott die Wahrheit ist, Kelly. Wahrheit gehört zu seinem Wesen; und alles, was im Gegensatz zu Gottes Wesen steht, ist Sünde.«

Es war nicht ausreichend für Kelly, nur zu wissen, daß Lügen falsch ist oder daß die Bibel es uns verbietet. Wenn wir verhindern wollen, daß die Kultur unserer Umgebung unsere Kinder vereinnahmt, und wenn wir ihnen biblische Werte vermitteln wollen, dann müssen sie wissen, *warum* bestimmte Dinge richtig und *warum* andere Dinge falsch sind.

Ich will es näher erläutern. Sie und ich leben in einer herausfordernden Zeit. Unsere Zeitungen berichten darüber: »Drogen werden von Kindern verkauft«, »Gewalt eskaliert im Klassenzimmer«, »Kriminalität nimmt auf den Straßen überhand«.

Nachrichtenmagazine dokumentieren es: »Die Unterhöhlung des Moralgefüges ist in Amerika zur nationalen Besessenheit geworden. Laut einer aktuellen Umfrage der *News-*

week glauben 76% der Amerikaner, daß wir zur Zeit einen geistlichen und moralischen Verfall erleben.« Auch die Christen fürchten sich davor: »Laut einer neuen Übersicht ist die Furcht Nummer Eins bei christlichen Eltern (Pastoren und Jugendleitern), daß sie nicht fähig sein könnten, ihre Werte an die nächste Generation weiterzugeben.«

Aus diesem Grund arbeiten wir mit über vierzig Leitern von Kirchen und Gemeinschaften zusammen, um »**eine landesweite Initiative zu starten, durch die Eltern, Großeltern, Pastoren, Mitarbeiter in christlicher Kinder- und Jugendarbeit und christliche Erzieher/innen dazu ausgerüstet werden, Kinder und Jugendliche zu lehren, das Richtige vom Falschen zu unterscheiden und somit richtige Entscheidungen treffen zu können.**«

KINDER KENNEN SICH MIT DER WAHRHEIT NICHT AUS

Viele unserer Kinder und Jugendlichen haben große Mühe, eine klare Vorstellung davon zu bekommen, was Wahrheit ist und wer sie festlegt. Unsere Studie zeigt, daß unsere Kinder sich im Unklaren darüber befinden, welche Wahrheiten absolut sind und was sie zur absoluten Wahrheit macht. Wenn dies für Teenager gilt, können Sie sicher sein, daß die jüngeren Kinder ebenso verwirrt sind. Als Folge davon treffen Kinder und Jugendliche Entscheidungen, die sie von Umständen abhängig machen. Sie treffen ihre Wahl danach, was zum jeweiligen Zeitpunkt ihren eigenen Interessen scheinbar am dienlichsten ist – ohne sich auf irgendwelche zugrundeliegenden Prinzipien zu beziehen, die ein Maßstab für ihr Verhalten wären.

WAS IST ABSOLUTE WAHRHEIT?

Viele unserer Kinder verstehen oder akzeptieren nicht, was absolute Wahrheit ist – das heißt das, was richtig ist für alle Menschen, zu allen Zeiten und an allen Orten. Absolute Wahrheit ist Wahrheit; die objektiv, allgemeingültig und immer gleichbleibend ist.

Jede Familie hat ihre verschiedenen Vorschriften und Richtlinien. Zum Beispiel habe ich für meine dreizehnjährige Tochter eine Regel aufgestellt, die ihr sagt, um welche Zeit sie nach einem Fußballspiel zu Hause sein muß. Ich erklärte ihr: »Es ist nicht gut, länger als 11.00 Uhr fortzubleiben.« Ich habe eine feste Regel aufgestellt, nach der sie sich richten muß. Wenn sie diese Vorschrift befolgt, tut sie das Richtige; falls sie sie übertritt, ist sie im Unrecht. Ich möchte, daß meine Tochter dieses Gebot als verpflichtend betrachtet. In den meisten Fällen tut sie es auch.

Aber sollten wir diese Richtlinie – daß man nach jedem Fußballspiel um 11.00 Uhr zu Hause sein muß – als *absolute* Wahrheit ansehen? Nein. Sie läßt sich nicht auf alle Menschen anwenden und ist nicht für alle Zeiten und an jedem Ort gültig. Eltern, Gemeinden, Behörden und Regierungen können die unterschiedlichsten Vorschriften, Regelungen und Gesetze erlassen, die man befolgen muß; aber deshalb sind alle diese Verordnungen nicht notwendigerweise absolut. Vorschriften ändern sich, Regelungen laufen aus, und manche Gesetze gelten nur in bestimmten Staaten. Sogar die Richtlinie, wann meine Tochter abends nach Hause kommen soll, kann sich eines Tages ändern. Eine absolute Wahrheit dagegen ist objektiv, allgemeingültig und immer gleichbleibend.

Wenn unsere Kinder lernen sollen, richtig und falsch voneinander zu unterscheiden, müssen sie wissen, welche Wahrheiten absolut sind und warum. Sie müssen wissen, welche Verhaltensmaßstäbe für alle Menschen gelten, zu jeder Zeit und an jedem Ort. Sie müssen wissen, wer die Wahrheit festlegt – und weshalb.

WESHALB DIE WAHRHEIT SO WICHTIG IST

Sie könnten nun vielleicht sagen: »Alles, was Sie hier vorbringen, klingt so abstrakt. Denken Sie wirklich, daß die Einstellung meiner Kinder zur Wahrheit so große Unterschiede in ihrem Verhalten ausmachen wird?« Tatsächlich ist dies ein verblüffendes Ergebnis unserer Forschung. Die Studie zeigt, daß bei Kindern, die keinen objektiven Maßstab für Wahrheit akzeptieren, die Wahrscheinlichkeit,

daß sie ihre Eltern belügen, um 36% größer ist.

daß sie bei einer Prüfung betrügen, um 48% größer ist.

daß sie jemand anderen körperlich verletzen, dreimal so groß ist.

daß sie sich einen pornografischen Film ansehen, dreimal so groß ist.

daß sie stehlen, dreimal so groß ist.

daß sie illegale Drogen nehmen, viermal so groß ist.

daß sie versuchen, Selbstmord zu begehen, siebenmal so groß ist.

Falls Ihre Kinder die Wahrheit nicht als objektiven Maß-stab für ihr Leben akzeptieren, wird laut dieser Studie die Wahrscheinlichkeit,

daß sie anderen Menschen mißtrauen, um 65% größer sein.

daß sie enttäuscht werden, dreimal so groß sein.

daß sie mit ihrem Leben nicht einverstanden sind, drei-mal so groß sein.

daß sie mißgünstig werden, dreimal so groß sein.

Wie unsere Kinder über Wahrheit denken, hat definitive Auswirkungen auf ihr Verhalten – auf die Entscheidungen, die sie treffen, und die Gewohnheiten, die sie annehmen.

ES GIBT HOFFNUNG

Es sind beängstigende Aussichten, Kinder »mitten unter verirrten und verdorbenen Menschen« (Phil 2,15) aufzuzie-hen. Es gibt keine einfachen Antworten, aber es gibt Hoff-nung. Es ist nicht zu spät, die bröckelnden Fundamente wieder neu zu stärken. Wenn Sie und ich bereit sind, unsere schnellebige Mentalität beiseite zu schieben und der Realität ins Auge zu sehen – was wir als Christen zugelassen haben (und vielleicht unbewußt auch selbst übernommen haben) – bin ich sicher, daß es Hoffnung gibt.

WAS SIND DIE VIER GRUNDREGELN?

Die vier Grundregeln sind ein Versuch, durch vier Schritte zu einer richtigen Entscheidung zu gelangen. Unsere Hoff-nung ist, daß diese Grundregeln eine neue Art zu denken und zu handeln hervorbringen werden – indem Ihr Kind lernt, auf der Basis von Gottes Wort und seinen Maßstäben für richtig und falsch richtige Entscheidungen zu treffen. Man geht so vor:

1. Denken Sie gut über die Entscheidung nach.
Wenn sie vor einer moralischen Entscheidung stehen, sollten unsere Kinder zuerst einmal innehalten und nachdenken. Sie sollten sich überlegen, wer oder was festlegt, wann diese Entscheidung richtig oder falsch ist. Durch unsere Kultur haben viele Menschen sich angewöhnt zu glauben, daß jeder einzelne das Recht hat, selbst zu entscheiden, was richtig und falsch ist. Wenn man so denkt, wird Wahrheit subjektiv und persönlich, und es gibt kein absolutes Richtig oder Falsch,

wodurch das Leben eines Menschen bestimmt werden könnte. Es bedeutet also, jeder einzelne entscheidet, wann seine Einstellung und sein Verhalten richtig oder falsch sind.

Bei diesem ersten Schritt müssen wir fragen: »Wer bestimmt, was in dieser Situation richtig oder falsch ist?« Dieser Schritt stellt sozusagen ein Stopschild auf, um unseren Kindern die Augen für die Tatsache zu öffnen, daß ihre Einstellung und ihr Handeln von einer anderen Person als sie selbst beurteilt werden und sie ihr Verhalten, das auf selbstsüchtigen Interessen beruht, nicht rechtfertigen können.

2. Vergleichen Sie Ihre Denkweise und Ihr Verhalten mit Gottes Wesen und Charakter.
Dieser nächste Schritt beantwortet die Frage: Wer legt fest, was absolut richtig oder falsch ist? An dieser Stelle sollen unsere Kinder die Tatsache akzeptieren, daß es einen absoluten und gerechten Gott gibt und daß sie ihre Denkweise und ihr Verhalten mit ihm und seinem Wort vergleichen müssen, um herauszubekommen, was richtig und was falsch ist.

Dieser Schritt weist sie auf die Offenbarung des Gottes Jahwe hin, die in seinem Wort niedergeschrieben ist. Sein Wort, die Bibel, gibt jedem von uns genaue und absolute Richtlinien dafür, welche Denkweisen und Taten richtig sind und welche falsch. Bei diesen Richtlinien geht es nicht nur darum, etwas zu tun oder nicht zu tun, sondern sie spiegeln Gottes innerstes Wesen und Charakter wider.

3. Treffen Sie die Entscheidung, Gottes Geboten zu gehorchen.
Dieser dritte Schritt ist der Punkt, an dem das Fahrzeug in Schwung kommt – jetzt geht es um die Entscheidung. Über die Entscheidung nachzudenken und unsere Denkweise und unser Verhalten mit Gottes Wesen und Charakter zu vergleichen, sind notwendige Schritte, um unseren Kindern zu zeigen, daß ihr Verhalten Gottes Maßstäben nicht entspricht. Es zeigt jedem von uns, daß wir dazu neigen, uns zu rechtfertigen, daß wir gerne mit unserem Verstand argumentieren und uns selbst entschuldigen – in dem Versuch, unsere selbstsüchtigen Interessen und unser Vergnügen zu legitimieren. Wenn wir unsere Denkweise und unser Verhalten mit Gott vergleichen und ihn als Gott anerkennen (Schritt 2), gestehen wir dadurch ein, daß sein Charakter und Wesen festlegt, was absolut richtig und falsch ist.

Jede Denkweise und jede Tat, die Gottes Charakter und Wesen entspricht, ist richtig; und jede Denkweise und Tat, die seinem Charakter und Wesen nicht entspricht, ist falsch.

Wenn wir die Entscheidung treffen, Gottes Geboten zu gehorchen, bedeutet dies, daß wir uns von unserer Selbstsüchtigkeit und von jeder Denkweise und jedem Verhalten, das Gott nicht entspricht, abwenden. Wir ordnen uns ihm als dem Herrn über unser Leben unter und vertrauen darauf, daß er durch seine Kraft in unserem Leben wirkt.

4. Rechnen Sie mit Gottes Schutz und Fürsorge.

Wenn wir Gottes Allmacht demütig eingestehen und uns aufrichtig seiner liebevollen Autorität unterstellen, beginnen wir nicht nur, die Unterschiede zwischen richtig und falsch klar zu erkennen, sondern wir können auch mit Gottes Schutz und Fürsorge rechnen. Hier bei diesem vierten Schritt sollen unsere Kinder Gott dafür danken, daß er liebevoll für uns sorgt und uns beschützt. Das heißt nicht, daß alles immer glattgehen wird – Gott sagt sogar, daß wir manchmal um der Gerechtigkeit willen leiden müssen. Aber solches Leiden hat eine große Belohnung. Wenn wir nach Gottes Geboten leben und dem Heiligen Geist erlauben, durch uns zu wirken, erleben wir Gottes Segen auf vielfältige Weise. Wir haben Freiheit von Schuld, ein reines Gewissen, die Freude, anderen Menschen von Jesus Christus zu erzählen, und – am allerwichtigsten – wir haben die Liebe und das Lächeln Gottes in unserem Leben. Außerdem genießen wir viele körperliche, emotionale, psychologische und zwischenmenschliche Vorteile, wenn wir Gott gehorsam sind. Gottes Schutz und Fürsorge sollten zwar nicht die primäre Motivation unserer Kinder sein, weshalb sie ihm gehorchen. Aber sie stellen eine große Ermutigung für uns dar, uns für das Richtige zu entscheiden und das Falsche abzulehnen.

Kinder müssen wissen, daß Gott ein echtes Interesse an den Entscheidungen hat, die sie treffen. »Denn mein Plan mit euch steht fest: Ich will euer Glück und nicht euer Unglück. Ich habe im Sinn, euch eine Zukunft zu schenken, wie ihr sie erhofft. Ich, der Herr, sage es« (Jer 29,11). Letzten Endes kommt es nur darauf an, ob wir Gott vertrauen, wenn wir die richtigen moralischen Entscheidungen auf der Grundlage von Gottes Wort treffen sollen. Glauben wir wirklich, daß Gott einen Plan für uns hat und unser Glück will? Falls das stimmt – und ich versichere es Ihnen –, dann ist eine Beziehung zu Gott nicht nur das Richtige, sondern sie ist langfristig auch zu unserem Besten.

Dieses Buch wird Ihnen dabei helfen, Ihre Kinder an den Punkt zu führen, wo sie entdecken, daß eine persönliche Beziehung zu Gott nicht nur eine Möglichkeit unter vielen ist. Unsere Beziehung zu Gott ist tatsächlich ausschlaggebend dafür, ob wir in unserem Leben die richtigen moralischen Entscheidungen treffen werden.

Sie selbst spielen eine lebenswichtige Rolle, wenn Sie Ihren Kindern helfen, diese Beziehung zu verstehen. Miteinander und mit Gottes Hilfe können wir Kindern beibringen, wie sie die richtigen moralischen Entscheidungen treffen und außerdem eine neue und erfrischende Beziehung zu Gott finden können.

Josh McDowell

ANMERKUNG DER AUTOREN

Dieses Buch ist eine Starthilfe. Es ist keine erschöpfende Liste aller Fragen, die Ihr Kind jemals über moralische Angelegenheiten stellen wird. Es ist keine Zusammenstellung aller Antworten, die Sie jemals brauchen werden. Es ist eine Sammlung der *großen* Fragen – der Fragen, die Sie aller Wahrscheinlichkeit nach hören werden, wenn Sie viel Zeit mit Kindern verbringen. Es ist eine Art Wegbeschreibung zu einigen Antworten.

Alle Fragen wurden ohne Ausnahme wirklich von Kindern gestellt. Wir haben Kinder im Alter von drei bis zwölf Jahren beobachtet und ihre Aussprüche gesammelt. Danach haben wir sie sortiert – die Fragen, nicht die Kinder – bis wir die 103 häufigsten und wichtigsten Fragen herausfanden. Wenn Sie selbst Eltern sind oder viel mit Kindern arbeiten, werden Ihnen sicherlich früher oder später Fragen wie diese zu Ohren kommen – falls es nicht bereits geschehen ist.

Die Antworten basieren grundsätzlich auf der Bibel. Bei jeder Frage suchten wir in der Bibel nach den aussagekräftigsten Textstellen. Danach faßten wir zusammen, wie die biblischen Maßstäbe auf das jeweilige Problem Anwendung finden, das durch die Frage aufgeworfen wurde. Studieren Sie die Bibelstellen, die nach jeder Frage aufgelistet sind, denn die Bibel ist unsere letzte Instanz. Nur Gottes Wort allein offenbart uns den Willen Gottes; und der Wille Gottes entspringt ohne Ausnahme seinem heiligen und vollkommenen Wesen. Wir haben dieses Buch geschrieben, um Ihnen zu helfen, die Fragen Ihrer Kinder nach richtig und falsch zu beantworten. Wir hoffen und beten, daß es Ihnen tatsächlich eine Hilfe sein wird.

Früher oder später wird Ihr Kind jedoch lernen müssen, diese Entscheidungen zu treffen, wenn niemand in der Nähe ist, um ihm zu helfen. Zu diesem Zweck haben wir eine Erklärung der vier Grundregeln von Josh McDowell als Einführung beigefügt. Mit diesen vier Schritten an eine Entscheidung heranzugehen, ist eine Fähigkeit, die jedes Kind haben sollte. Lernen Sie es selbst und bringen Sie es Ihrem Kind bei, während Sie die Fragen und Antworten Ihres Kindes besprechen. Möge Gott Sie segnen in Ihren Bemühungen, Ihrem Kind beizubringen, richtig und falsch voneinander zu unterscheiden.

RICHTIG
ODER
FALSCH?

F: WIE KANN MAN HERAUS-
FINDEN, WAS RICHTIG IST
UND WAS FALSCH?

A: Wenn wir Gott kennen, wissen wir, was richtig ist. Gott ist vollkommen, und er hat immer recht. Deshalb paßt alles Gute zu seinem Wesen. Zum Beispiel wissen wir, daß es richtig ist, liebevoll und freundlich zu sein, weil Gott die Liebe ist. Alles Falsche steht im Gegensatz dazu, wie Gott ist. Wir können erfahren, wie Gott ist, indem wir in seinem Wort, der Bibel, lesen. Die Bibel hilft uns dabei, zu erkennen, wie wir so sein können wie Gott und so handeln wie er. Gott hat uns Regeln und Richtlinien gegeben, wie wir leben sollen. Sie stehen ebenfalls in der Bibel. Wenn wir Regeln wie die Zehn Gebote lesen, wissen wir, wie Gott will, daß wir uns verhalten sollen.

SCHLÜSSELVERS: *Befolgt genau alle diese Vorschriften, die ich euch jetzt gebe, und achtet darauf, daß ihr tut, was der Herr, euer Gott, als gut und richtig festgesetzt hat. Dann wird es euch und euren Nachkommen immer gutgehen. (5. Mose 12,28)*

ZUSÄTZLICHE BIBELSTELLEN: *2. Mose 20,1-17; 5. Mose 5,6-22; Joh 14,6; 2.Tim 3,16-17*

WEITERE FRAGEN: *Wie kann jeder wissen, was richtig und was falsch ist?*
Meine Freunde tun Dinge, von denen ich glaube, daß sie falsch sind. Woher weiß ich, ob sie recht haben oder nicht?
Kann es jemals falsch sein, wenn ich etwas tue, von dem ich glaube, daß es richtig ist?
Warum ist New Age falsch?

ANMERKUNG FÜR DIE ELTERN: *Ein Kind mag diese Frage vielleicht als eine Ausrede dafür benutzen, um Ihnen oder anderen Autoritätspersonen gegenüber ungehorsam oder respektlos zu sein. »Woher wißt ihr, daß dies oder jenes falsch ist?« Gott legt fest, was richtig ist und was falsch; aber er sagt auch zu den Kindern, daß sie ihre Eltern ehren und ihnen gehorchen sollen und daß sie Autoritätspersonen respektieren sollen. Ermutigen Sie Ihre Kinder dazu, Gott und seinem Wort zu vertrauen, weil er das Allerbeste für uns will.*

RICHTIG ODER FALSCH? **1**

A: Die Menschen tun falsche Dinge, weil sie ein sündiges Wesen haben. Vor vielen, vielen Jahren schuf Gott den ersten Mann und die erste Frau, Adam und Eva. Aber kurz danach begingen Adam und Eva die erste Sünde – sie waren Gott ungehorsam. Du kannst es in 1. Mose 3,1-24 nachlesen. Vor diesem Ereignis war die Welt vollkommen – es gab keine Sünde und nichts Böses oder Falsches. Aber als Adam und Eva Gott ungehorsam waren, kam die Sünde in die Welt. Seit diesem Zeitpunkt ist jeder Mensch mit einem sündigen Wesen geboren worden. Das bedeutet, die Menschen finden es ganz natürlich, falsche Dinge zu tun. Es fällt ihnen leicht, sich für das Falsche zu entscheiden. Das ist eine Schwäche, die alle Menschen haben. Manchmal tun Leute etwas sogar dann, wenn sie wissen, daß es falsch ist. Sie haben vielleicht Angst davor, was andere Leute sagen werden, wenn sie das Richtige tun. Sie fühlen sich vielleicht von Freunden unter Druck gesetzt und tun deshalb das Falsche. Es ist nicht so, daß alles, was sie tun, falsch ist – sie können auch Gutes tun und richtige Entscheidungen treffen. Auch heute noch muß jeder Mensch die gleiche Entscheidung treffen, die Adam und Eva treffen mußten. Wir können Gott vertrauen und seinem Weg folgen, oder wir können selbst entscheiden, was richtig und falsch ist, und alles tun, was uns gefällt. Aber das ist der falsche Weg.

SCHLÜSSELVERS: *Wie die Sünde durch einen einzigen Menschen in die Welt kam, so auch die Rettung aus der Gewalt der Sünde. Die Sünde dieses einen brachte den Tod mit sich, und alle gerieten unter die Herrschaft des Todes; denn sie haben ohne Ausnahme selbst gesündigt. (Röm 5,12)*

ZUSÄTZLICHE BIBELSTELLEN: *1. Mose 3,1-24; Jes 53,6; Mt 26,41; Mk 14,38; Röm 6,23*

ANMERKUNG FÜR DIE ELTERN: *Geben Sie Ihrem Kind Hoffnung, daß es das Richtige tun kann. Die Tatsache, daß Sünde existiert, bedeutet nicht, daß man das Falsche tun muß. Dies kann ein Zeitpunkt dafür sein, Ihrem Kind zu erklären, daß Jesus auf die Erde kam, um für uns zu sterben, und daß wir durch den Glauben an ihn frei sein können von der Macht der Sünde in unserem Leben.*

RICHTIG ODER FALSCH? **2**

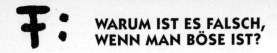

WARUM IST ES FALSCH, WENN MAN BÖSE IST?

A: Es ist falsch, böse zu sein, weil Gott uns dazu geschaffen hat, Gutes zu tun. Denk einfach einmal an dein Fahrrad. Es ist dafür gemacht worden, daß du damit fahren kannst und damit du schneller und einfacher von einem Ort zu einem anderen kommen kannst, als wenn du zu Fuß gehen würdest. Wenn du nun versuchen würdest, dein Fahrrad dazu zu benutzen, um Schnee vom Bürgersteig zu kratzen oder um über einen See zu fahren, würde das nicht funktionieren – und dein Fahrrad würde außerdem kaputtgehen. Das Fahrrad wurde nämlich nicht für diese Dinge gemacht. Genauso hat Gott uns dazu geschaffen, daß wir das tun, was gut und richtig ist. Wenn wir böse Dinge tun, tun wir etwas, wozu wir nicht geschaffen worden sind. Gott hat alles gemacht – er weiß, was funktioniert und was nicht, und er weiß, was uns glücklich macht und was uns verletzen würde. Und er liebt uns! Wenn wir ihm vertrauen, tun wir die Dinge, die er möchte.

SCHLÜSSELVERS: *Wir selbst sind ganz und gar Gottes Werk. Durch Jesus Christus hat er uns so geschafffen, daß wir nun Gutes tun können. Er hat sogar die guten Taten schon geschaffen, die wir nun auch tun sollen.* (Eph 2,10)

ZUSÄTZLICHE BIBELSTELLEN: *Röm 3,23; Eph 1,5-6*

WEITERE FRAGEN: *Warum ist es falsch, wenn man böse Dinge tut? Warum darf ich manche Dinge tun und andere nicht? Warum ist es böse, wenn man manche Dinge tut und andere nicht? Warum soll ich gut sein?*

ANMERKUNG FÜR DIE ELTERN: *Es ist vielleicht hilfreich, wenn Sie das Wort* falsch *für moralische Fragen aufsparen. Sie könnten zum Beispiel vermeiden zu sagen, daß es falsch ist, Streifen und Karomuster zusammen zu tragen. Unübliche Gewohnheiten oder Kleidungsstile können zwar bei anderen Menschen Kritik hervorrufen, aber sie sind nicht falsch im moralischen Sinne. Machen Sie einen klaren Unterschied zwischen schlechtem Geschmack und Dingen, die wirklich falsch sind.*

A: Gott hat keine Versammlung mit allen Engeln einberufen und dabei verkündet, daß manche Dinge richtig sind und manche falsch. Gott ist vollkommen und gerecht. Sein innerstes Wesen ist gut, und alles, was er tut, ist richtig. Alles, was im Gegensatz zu Gottes Wesen steht, ist falsch. Gottes Gebote in der Bibel zeigen uns, wie Gott ist.

Denk immer daran: Gott sagt uns, welche Dinge richtig sind und welche Dinge falsch, weil er uns lieb hat. Seine Gebote beschützen uns und zeigen uns den Weg. Es ist so, wie wenn wir zu einem kleinen Kind sagen würden, es darf den heißen Ofen nicht anfassen. Wir möchten das Kind davor bewahren, daß es sich verbrennt. Wir geben ihm ein Verbot, weil wir es liebhaben. Aus demselben Grund sagt Gott uns, was wir tun sollen. Er möchte sich um uns kümmern, uns fröhlich machen und uns dabei helfen, richtig zu leben.

SCHLÜSSELVERS: *Ihr sollt vollkommen sein, weil euer Vater im Himmel vollkommen ist. (Mt 5,48)*

ZUSÄTZLICHE BIBELSTELLEN: *Ps 118,29; Jer 33,11; Mi 6,8; Nah 1,7; Joh 14,6; 1. Petr 1,15-16*

WEITERE FRAGEN: *Woher weiß ich, ob eine Person gut ist oder schlecht?*
Warum sind richtig und falsch verschieden?

ANMERKUNG FÜR DIE ELTERN: *Oft können Sie erklären, wozu Gebote und Regeln gut sind, wenn Sie als Beispiel ein Verbot heranziehen, das Erwachsene sehr kleinen Kindern »aufzwingen«. Zum Beispiel lassen wir Babies nicht in der Toilette spielen, wir geben ihnen keine zerbrechlichen Dinge und lassen sie nicht alleine auf die Straße laufen. Das tun wir, weil wir sie liebhaben und sie beschützen wollen. Und noch wichtiger: Die kleinen Kinder verstehen diese Regeln nicht. Sie müssen sie einfach befolgen. Sogar ein vier- oder fünfjähriges Kind kann verstehen, daß in ähnlicher Weise alle Gebote Gottes seiner Liebe und Sorge für uns entspringen – auch wenn wir sie nicht immer verstehen.*

RICHTIG ODER FALSCH?

4

F: SIND DIE DINGE IMMER ENTWEDER RICHTIG ODER FALSCH?

A: Nicht jede Entscheidung, die wir treffen, ist entweder *richtig* oder *falsch*. Manchmal mögen wir einfach bestimmte Dinge lieber als andere – wie zum Beispiel verschiedene Eissorten. Wenn du Erdbeereis magst, ist das nicht richtig oder falsch – es ist einfach etwas, das du magst. Oder vielleicht hast du zwei Spielsachen, mit denen du spielen kannst, und du entscheidest dich für das eine und läßt das andere liegen. Beide wären in Ordnung, aber du hast eines davon ausgewählt. Es gibt Zeiten, wo wir uns zwischen Dingen entscheiden müssen, die *gut, besser* oder *am besten* sind. Keine Entscheidung, die wir treffen würden, wäre schlecht oder falsch. Aber es wäre am klügsten, wenn wir uns das Allerbeste heraussuchen würden. Bei solchen Entscheidungen können Eltern oder andere kluge Leute uns gute Ratschläge geben. Manche Entscheidungen sind entweder richtig oder falsch, aber das gilt nicht für alle Entscheidungen, die wir treffen können.

SCHLÜSSELVERSE: *Ihr sagt: »Alles ist erlaubt!« Mag sein, aber nicht alles ist deshalb auch schon gut. Alles ist erlaubt, aber nicht alles fördert die Gemeinde. Ihr sollt nicht an euch selbst denken, sondern an die anderen. (1. Kor 10,23-24)*

ZUSÄTZLICHE BIBELSTELLEN: *Gal 5,1.13-26; Jak 1,5*

ANMERKUNG FÜR DIE ELTERN: *Noch einmal: Seien Sie vorsichtig im Umgang mit dem Wort* falsch. *Etwas absolut Falsches in moralischer Hinsicht – wie zum Beispiel Stehlen – ist nicht »genauso falsch« wie eine Frage des Anstands – was man zum Beispiel zu einer Gastgeberin bezüglich des Essens sagt. Absolut richtig oder falsch sind die Dinge, die richtig oder falsch sind für alle Menschen, zu allen Zeiten und an allen Orten.*

F: WENN WIR IN EINEM FREIEN LAND LEBEN, WARUM MÜSSEN WIR DANN STEUERN BEZAHLEN?

A: Daß wir in einem »freien Land« leben, bedeutet, daß unsere höchsten Gesetze uns das Recht garantieren, bestimmte Dinge sagen und tun zu können. Es bedeutet nicht, daß unser Land uns nichts kostet. Zum Beispiel haben wir das Recht auf freie Meinungsäußerung, Presse- und Religionsfreiheit. Das heißt, wir können fast alles sagen, veröffentlichen und als Religion praktizieren, was uns einfällt. Aber wir haben keine uneingeschränkte Freiheit, weil unser Land Gesetze und Regeln braucht, damit alles reibungslos abläuft. Das bedeutet, die Freiheit, die wir haben, funktioniert nur, weil sie gewisse Grenzen hat. Eine Regierung braucht Geld, um die Staatsoberhäupter, Polizeibeamten, Feuerwehrmänner, Lehrer und anderen Arbeiter zu bezahlen und um solche Dinge wie Brücken und Straßen bauen und reparieren zu können. Die Bürger sorgen für dieses Geld, indem sie Steuern und Gebühren bezahlen. Die Gesetze eines Landes sind nicht dieselben wie Gottes Gesetze. Aber Gott sagt uns, daß wir die Regierung respektieren und ihren Gesetzen gehorchen sollen. Deshalb bezahlen wir Steuern, gurten uns beim Autofahren an, halten vor roten Ampeln und beachten die Geschwindigkeitsbegrenzungen.

SCHLÜSSELVERS: *Fügt euch um des Herrn willen jeder von Menschen gesetzten Ordnung. Ordnet euch dem Kaiser unter, der an höchster Stelle steht. (1. Petr 2,13)*

ZUSÄTZLICHE BIBELSTELLEN: *Röm 13,1-3; Kol 2,9-10; 1. Tim 2,1-2; 1. Petr 2,13-17*

WEITERE FRAGEN: *Warum muß ich mich beim Autofahren angurten?*
Warum fahren Kinder Fahrrad, wenn Autos kommen?

ANMERKUNG FÜR DIE ELTERN: *Sie können Ihrem Kind erklären, daß Gott will, daß wir der Regierung gehorchen, weil er sie eingesetzt hat. Die Gesetze, die die Regierung erläßt, sind zu unserer Sicherheit gedacht.*

RICHTIG ODER FALSCH? **6**

F: WENN DAS GESETZ SAGT, DASS ETWAS RICHTIG IST, UND GOTT SAGT, DASS ES FALSCH IST, WER HAT DANN RECHT?

A: In der Bibel steht, daß wir der Regierung gehorchen sollen. Aber wenn ein Gesetz der Regierung dem widerspricht, was Gott von uns möchte, sollen wir Gott gehorchen anstatt der Regierung. Gott steht über der Regierung und nicht umgekehrt. Wenn die Regierung zum Beispiel das Gesetz erlassen würde, daß es illegal wäre, wenn man betet, müßten wir dieses Gesetz brechen und trotzdem beten. Das gleiche gilt dafür, daß wir Gott anbeten, in der Bibel lesen und anderen Menschen von Jesus erzählen sollen. Wenn die Regierung erlauben würde, daß man lügt und stiehlt, dürften wir diese Dinge trotzdem nicht tun, weil sie gegen Gottes Gesetze sind. Gott hat das ganze Universum geschaffen, und er regiert es. Niemand kann eine höhere Autorität als Gott haben. Deshalb müssen wir ihm immer zuerst gehorchen.

SCHLÜSSELVERS: *Aber Petrus und die anderen Apostel antworteten: »Man muß Gott mehr gehorchen als den Menschen.« (Apg 5,29)*

ZUSÄTZLICHE BIBELSTELLEN: *Dan 3,1-30; Dan 6,2-29; Röm 13,1-3; 1. Petr 2,13-17*

WEITERE FRAGEN: *Warum machen die Regierungen solche dummen Gesetze?*
Warum dürfen Erwachsene rauchen und fluchen und ich nicht?

ANMERKUNG FÜR DIE ELTERN: *Dies kann eine gute Gelegenheit sein, Ihrem Kind zu erklären, daß Gott die letztendliche Autorität ist, die darüber entscheidet, was richtig ist. Seine Maßstäbe gelten für alle Menschen, zu allen Zeiten und an allen Orten – ob die Regierungen damit übereinstimmen oder nicht.*

F: WAS IST EINE MORAL?

A: Eine Moral ist ein Maßstab dafür, wie man leben soll und was richtig oder falsch ist. Moral hat etwas mit Regeln zu tun, die wir befolgen, und weshalb wir manche Dinge tun und andere nicht. Es gibt ganz unterschiedliche moralische Grundsätze, nach denen die Menschen leben. Die Moral legt fest, was richtig oder gerecht oder am besten ist. Aber nur das, was Gott über diese Dinge sagt, gilt für alle Menschen auf der ganzen Welt und zu jeder Zeit. Gott hat immer dieselben moralischen Grundsätze, und er möchte, daß alle Menschen sie befolgen. Eine Person, die nach Gottes Moral lebt, stiehlt nicht. Sie stiehlt deshalb nicht, weil sie sich an Gottes Maßstäbe hält, und nicht nur, weil sie nicht gerne stiehlt.

SCHLÜSSELVERSE: *Denkt daran: für Menschen, die Unrecht tun, hat Gott keinen Platz in seiner neuen Welt. Macht euch nichts vor! Menschen, die Unzucht treiben oder Götzen anbeten, die die Ehe brechen oder mit Partnern aus dem eigenen Geschlecht verkehren, Diebe, Wucherer, Trinker, Verleumder und Räuber werden nicht in Gottes neue Welt kommen. (1. Kor 6,9-10)*

ZUSÄTZLICHE BIBELSTELLEN: *Eph 5,1; Jak 1,21*

WEITERE FRAGEN: *Was bedeutet Ethik?*

ANMERKUNG FÜR DIE ELTERN: *Es ist vielleicht schwierig, den Unterschied zwischen einer netten Person und einer Person, die die richtigen moralischen Grundsätze befolgt, zu erklären. Ein netter Mensch kümmert sich darum, was andere Leute denken, und möchte die Gefühle anderer Menschen nicht verletzen. Ein Mensch, der nach den richtigen moralischen Grundsätzen lebt, kümmert sich darum, was Gott denkt. Er möchte zu jeder Zeit Gottes Regeln befolgen, die uns sagen, wie unser Denken, Reden und Handeln aussehen sollte.*

WIE KANN ICH RICHTIG UND FALSCH UNTERSCHEIDEN?

A: Alles, was im Gegensatz zu Gottes Wesen steht, ist falsch. Wir können herausfinden, wie Gott ist, indem wir in seinem Wort, der Bibel, lesen. Die Bibel sagt uns auch, was Gott will, daß wir tun sollen. Daher können wir das Richtige vom Falschen unterscheiden, indem wir fragen: Bin ich einem Gesetz, das Gott uns gegeben hat, ungehorsam (zum Beispiel: nicht stehlen, nicht lügen, unseren Nächsten lieben, Vater und Mutter ehren)? Alles, wodurch eines von Gottes Gesetzen gebrochen wird, ist falsch.

Wenn wir vor einer Entscheidung stehen, für die uns Gott kein Gesetz gegeben hat (oder wenn wir nicht wissen, wo es in der Bibel steht), können wir fragen: Widerspricht das, was ich tun will, meinem Gewissen? Und wir können fragen: Wird es jemanden verletzen? Wenn die Antwort auf eine der beiden Fragen ja ist, sollten wir es höchstwahrscheinlich nicht tun.

Eine andere Frage, die man sich stellen kann, ist: Warum tue ich das? Wenn es nur aus Furcht geschieht oder weil meine Freunde mich unter Druck setzen, ist es vielleicht nicht richtig. In diesem Fall müssen wir gründlich über die Entscheidung, die wir treffen müssen, nachdenken. Wir müssen uns Gedanken darüber machen, was wir über Gott wissen, ihn um Weisheit bitten und dann die *beste* Entscheidung treffen, die wir können.

SCHLÜSSELVERS: *Ein guter Mensch bringt Gutes hervor, weil er im Herzen gut ist. Aber ein schlechter Mensch kann nur Böses hervorbringen, weil er von Grund auf böse ist. Sein Mund spricht nur aus, was sein Herz erfüllt! (Lk 6,45)*

ANMERKUNG FÜR DIE ELTERN: *Wir müssen unseren Kindern dabei helfen, Charakter zu entwickeln, und dürfen ihnen nicht nur Verhaltensregeln geben, denn die meisten moralischen Handlungen entspringen unseren Neigungen und Gewohnheiten. Deshalb sollten wir unseren Kindern die Prinzipien beibringen, die hinter den Vorschriften stehen, und sie schließlich auf die Person hinweisen, die diese Grundsätze in sich verkörpert – Gott selbst.*

GOTT
DIE
BIBEL
UND DAS
GEWISSEN

Gott hat uns sein Wort, die Bibel, gegeben. Sie erzählt uns von Gott und sagt uns, wie Gott will, daß wir leben sollen. Deshalb müssen wir unser Bestes tun, um dem zu gehorchen, was Gott in seinem Wort zu uns sagt. Jesus hat gesagt, daß das wichtigste Gebot so lautet: »´Liebe den Herrn, deinen Gott, von ganzem Herzen, mit ganzem Willen und mit deinem ganzen Verstand!´ Dies ist das größte und wichtigste Gebot. Das zweite ist gleich wichtig: ´Liebe deinen Mitmenschen wie dich selbst!´« (Mt 22,37-39). Wir sollen zuerst Gott lieben und danach andere Menschen. Wenn wir das tun, werden wir das Richtige tun.

Gott möchte außerdem, daß in uns der Wunsch immer stärker wird, das Allerbeste zu tun, und nicht nur das Zweitbeste. Manche Dinge, die wir tun, sind nicht falsch, aber sie sind auch nicht das Beste für uns. Wir sollten das Allerbeste tun und uns nicht mit weniger zufriedengeben. Wenn man die richtigen moralischen Entscheidungen trifft, heißt das nicht nur, daß man falsche Verhaltensweisen ablehnt, sondern daß man sich für das entscheidet, was gut und hilfreich ist.

SCHLÜSSELVERSE: *Jesus antwortete: »´Liebe den Herrn, deinen Gott, von ganzem Herzen, mit ganzem Willen und mit deinem ganzen Verstand!´ Dies ist das größte und wichtigste Gebot. Das zweite ist gleich wichtig: ´Liebe deinen Mitmenschen wie dich selbst!´« (Mt 22,37-39)*

ZUSÄTZLICHE BIBELSTELLEN: *2. Mose 20,1-17; 5. Mose 5,6-22*

ANMERKUNG FÜR DIE ELTERN: *Ein Kind denkt vermutlich, daß gut zu sein nur bedeutet, das Böse zu vermeiden. Helfen Sie Ihrem Kind dabei zu verstehen, daß gut zu sein bedeutet, daß man die ausdrückliche Entscheidung trifft, Gott in allem, was man tut, gefallen zu wollen. Wir streben danach, das zu tun, weil wir wissen, daß Gott unser Bestes will.*

A: Die Bibel ist Gottes Wort. Wenn wir darin lesen, erfahren wir, wie Gott ist und wie er möchte, daß wir auf dieser Welt leben sollen. Stell dir die Bibel wie eine Gebrauchsanweisung vor, wie zum Beispiel für unser Auto. Wenn wir das tun, was in dem Buch steht, fährt das Auto. Wenn etwas kaputtgeht, können wir in dem Buch nachschlagen und herausfinden, wie man es reparieren kann. Die Bibel ist Gottes Gebrauchsanweisung für unser Leben. Wir müssen darin lesen und sie studieren, damit in unserem Leben alles richtig funktioniert und Gott die Dinge reparieren kann, die kaputtgehen. Es reicht nicht, wenn wir nur in der Bibel lesen; wir müssen auch das tun, was darin steht.

SCHLÜSSELVERSE: *Alles, was in den heiligen Schriften steht, ist von Gottes Geist eingegeben und verhilft dazu, den Willen Gottes zu erkennen, die eigene Schuld einzusehen, sich Gott wieder zuzuwenden und ein Leben zu führen, das ihm gefällt. (2. Tim 3,16)*

ZUSÄTZLICHE BIBELSTELLEN: *Ps 119,105*

WEITERE FRAGEN: *Warum mußt du so viel in der Bibel lesen?*

ANMERKUNG FÜR DIE ELTERN: *Eine der wirksamsten Methoden, wie Sie Ihrem Kind helfen können, richtig und falsch unterscheiden zu lernen, ist gemeinsam einen Bibelvers zu lesen, der von einer moralischen Angelegenheit handelt (wie Ehrlichkeit oder Lüge). Danach unterhalten Sie sich darüber, wie diese Sache Ihr Familienleben beeinflussen könnte. Zum Beispiel könnten Sie Eph 4,25 lesen und sich dann an die letzte Begebenheit erinnern, als Ihr Kind die Wahrheit gesagt hat, obwohl es sehr schwer war. Vielleicht hatten Sie Ihr Kind gefragt: »Was machst du da?«, und Ihr Kind hat ehrlich geantwortet, obwohl es Angst hatte, gescholten zu werden. Wenn Sie so vorgehen, unterstreichen Sie das moralische Prinzip und zeigen gleichzeitig, warum es so wichtig ist.*

F: IST ES EINE SÜNDE, WENN MAN SICH NICHT SICHER IST, OB ETWAS FALSCH IST, UND TROTZDEM DAMIT WEITERMACHT?

A: Es ist nicht unbedingt Sünde, wenn man etwas tut, wovon man nicht weiß, ob es richtig oder falsch ist. Wir können nicht alles wissen und wir brauchen auch nicht anzunehmen, daß alles, worüber wir nicht genau Bescheid wissen, falsch ist. Andererseits, wenn du Zweifel hast und denkst, es *könnte* vielleicht falsch sein, dann vergewissere dich lieber, bevor du es tust. Schiebe es noch etwas auf, lies in der Bibel und frage deine Eltern. Denk daran, du solltest dich für das Allerbeste entscheiden und nicht nur die falschen Dinge vermeiden.

SCHLÜSSELVERSE: *Es ist gut, wenn einer seiner Glaubensüberzeugung folgt und sich dabei nichts vorzuwerfen hat. Wenn jedoch einer mit schlechtem Gewissen ißt, dann ist er schon verurteilt. Denn er handelt nicht in Übereinstimmung mit seiner Glaubensüberzeugung. Und alles Tun, das nicht aus dem Glauben kommt, ist Sünde. (Röm 14,22b-23)*

ZUSÄTZLICHE BIBELSTELLEN: *1. Kor 4,4*

WEITERE FRAGEN: *Wenn du weißt, daß du etwas Schlechtes tust, und deine Eltern sagen, daß du es tun darfst, ist es dann richtig oder falsch?*

ANMERKUNG FÜR DIE ELTERN: *Hierbei geht es auch um den Druck, der von Gleichaltrigen ausgeübt wird. Kinder wissen nicht immer, was richtig und falsch ist. Ganz sicher nicht. Bestätigen Sie Ihre Kinder grundsätzlich, wenn sie Ihnen erzählen, daß sie etwas nicht getan haben, weil sie sich nicht sicher waren. Vielleicht ist dies eine gute Gelegenheit dafür, Ihrem Kind die folgenden vier Grundsätze zu erläutern: 1. Mach dir Gedanken darüber, um welche Entscheidung es hier geht. 2. Denk daran, wie Gott an deiner Stelle handeln würde. 3. Sei Gott gehorsam. 4. Vertrau darauf, daß Gott dich beschützt und für dich sorgt.*

F: **WAS IST EIN GEWISSEN?**

A: Gott hat in unserem Inneren etwas eingebaut, das uns dabei hilft, richtig und falsch voneinander zu unterscheiden. Wir nennen diese innere Stimme unser *Gewissen*, und wir müssen lernen, darauf zu hören. Es ist ein Gefühl, das wir in uns haben, wenn wir darüber nachdenken, ob wir etwas Bestimmtes tun sollen. Wenn das, was wir vorhaben, nicht richtig ist, kann unser Gewissen uns dazu bringen, daß wir uns unbehaglich fühlen und irgendwie wissen, daß wir es *nicht* tun sollten. Unser Gewissen kann uns auch sagen, daß wir etwas Bestimmtes *tun* sollten. Wenn das geschieht, spüren wir ganz stark, daß wir das tun sollten, was wir im Sinn haben. Gott hat uns das Gewissen als Hilfe für die Entscheidungen in unserem Leben gegeben. Deshalb ist es sehr wichtig, daß wir auf unser Gewissen hören.

Wenn wir nicht auf unser Gewissen hören, werden wir uns sehr schnell angewöhnen, es nicht mehr zu beachten. Nach einer Weile werden wir es überhaupt nicht mehr hören können. Und das kann uns in Schwierigkeiten bringen. Höre immer aufmerksam auf dein Gewissen.

SCHLÜSSELVERS: *Darum bemühe ich mich auch, immer ein reines Gewissen vor Gott und den Menschen zu haben. (Apg 24,16)*

ZUSÄTZLICHE BIBELSTELLEN: *1. Petr 3,16; Röm 2,15; 1. Kor 4,4*

WEITERE FRAGEN: *Sobald ich weiß, was richtig ist, muß ich es dann auch tun?*

ANMERKUNG FÜR DIE ELTERN: *Achten Sie darauf, daß Sie das Gewissen nicht allein mit Schuldgefühlen in Verbindung bringen. Die besten Entscheidungen für das Richtige und Gute kommen aus einer festen Überzeugung und dem Verlangen, das Richtige zu tun, und nicht aus dem Wunsch, ein schlechtes Gewissen zum Schweigen zu bringen. Wenn Sie mit Kindern über das Gewissen sprechen, betonen Sie die positive Rolle, die es haben kann. Je mehr wir Gottes Wort lesen und studieren, desto besser kann unser Gewissen uns dabei helfen, uns für das Richtige zu entscheiden.*

GOTT, DIE BIBEL UND DAS GEWISSEN

13

F: MUSS ICH KLEINE KINDER IN MEINEM ZIMMER SPIELEN LASSEN, WENN ICH BESONDERE SPIELSACHEN HABE?

A: Vielleicht. Gott ist liebevoll und freundlich, daher möchte er, daß wir ebenfalls liebevoll und freundlich sind und nicht geizig oder selbstsüchtig.

Wenn deine Freunde, deine Geschwister oder kleinere Kinder mit deinen Spielsachen spielen wollen, solltest du es ihnen erlauben, wenn es für sie nicht gefährlich ist und wenn ihre Eltern ebenfalls ihre Zustimmung geben. Manchmal verhalten wir uns so, als ob unsere Spielsachen, Kleidungsstücke und andere Dinge wichtiger als unsere Freunde und unsere Familie wären. Aber es ist gut, wenn man sich abwechselt und auch andere Kinder mit seinen besonders schönen Sachen spielen läßt. Wenn wir das tun, werden andere Menschen sehen können, daß wir uns von den Menschen, die Jesus nicht lieb haben, unterscheiden.

Andererseits möchte Gott auch, daß wir Verantwortung übernehmen. Obwohl Gott liebevoll und freundlich ist, würde er uns nicht etwas geben, das uns schadet. Du mußt kleine Kinder nicht alles mit deinem Spielzeug machen lassen, was sie wollen – vor allem dann, wenn die Dinge zerbrechlich sind oder kleine Kinder nicht richtig damit umgehen können. Jeder sollte gut auf sein Eigentum aufpassen und auch das Eigentum der anderen respektieren. Versuche, die anderen Kinder möglichst oft mit deinen Sachen spielen zu lassen. Wenn du einen guten Grund dafür hast, weshalb es nicht geht, dann sei trotzdem nett zu den anderen.

SCHLÜSSELVERS: *Wer liebt, ist geduldig und gütig. Wer liebt, der ereifert sich nicht, er prahlt nicht und spielt sich nicht auf. (1. Kor 13,4)*

ZUSÄTZLICHE BIBELSTELLEN: *Gal 5,22; Jak 4,17*

WEITERE FRAGEN: *Ist es richtig, seine Rechte zu verteidigen?*

ANMERKUNG FÜR DIE ELTERN: *Hier geht es auch um die Frage des Teilens. Legen Sie die Betonung eher darauf, daß man sich beim Spielen abwechselt, als darauf, daß man mit anderen teilen muß. Kinder verstehen dann besser, was Sie von ihnen erwarten.*

GOTT, DIE BIBEL UND DAS GEWISSEN **14**

F: WIE KANN ICH NOCH NÄHER BEI GOTT SEIN, ALS ICH ES JETZT BIN?

A: Stell dir vor, Gott möchte dein allerbester Freund sein. Damit das geschehen kann, mußt du Zeit mit ihm verbringen. Du kannst Zeit mit Gott verbringen, indem du in seinem Wort, der Bibel, liest. Bitte deine Eltern, daß sie dir dabei helfen und dir zeigen, wo du bestimmte Dinge in der Bibel nachlesen kannst. Außerdem kannst du mit Gott über alles reden, was du erlebst und was dich beschäftigt. Das nennt man Beten. Wenn du betest, kannst du Gott von deinen Ängsten und Hoffnungen erzählen. Danke ihm dafür, daß er dich liebhat. Sag ihm, daß es dir leid tut, daß du ihm oft nicht gehorcht hast. Bitte ihn, daß er dir hilft, näher zu ihm zu kommen und das zu tun, was er will. Du kannst mit Gott auch über andere Menschen und ihre Probleme reden und ihn bitten, daß er diesen Menschen ebenfalls hilft.

Auch der Gottesdienst trägt dazu bei, daß du näher zu Gott kommst. Aus diesem Grund gibt es Gottesdienste in der Kirche oder in der Gemeinde. Dort kannst du zusammen mit anderen Christen zu Gott Loblieder singen, zu ihm reden, über ihn nachdenken, dich daran erinnern, wie sehr er dich liebhat und was Jesus für dich getan hat, und aus seinem Wort lernen.

Denk daran, Gott nähert sich dir, wenn du dich ihm näherst. Sag ihm doch, daß du ihn besser kennenlernen willst. Bitte ihn darum, daß er dich näher zu sich zieht. Du kannst nicht näher zu Gott hinkommen, indem du einfach einige »christliche« Dinge tust. Aber du kannst näher zu Gott kommen, indem du eine Beziehung zu ihm hast und ihn darum bittest, daß er dir dabei hilft, ihn besser kennenzulernen!

SCHLÜSSELVERS: *Nähert euch Gott, und er wird sich euch nähern. Reinigt eure Hände, ihr Sünder! Schenkt Gott eure Herzen, ihr Schwankenden! (Jak 4,8)*

ZUSÄTZLICHE BIBELSTELLEN: *Kol 1,9-14; 1. Thess 5,17; 2 Tim 3,16-17*

F: **WENN LÜGEN SÜNDE IST, WARUM HABEN DANN MANCHE MENSCHEN IN DER BIBEL GELOGEN?**

A: Es stimmt, daß in der Bibel Geschichten von Menschen stehen, die gelogen haben. Aber fast alle Leute in der Bibel haben die Wahrheit gesagt. Gott sagt nirgends in der Bibel, daß lügen richtig ist. Manche Menschen in der Bibel haben sich dafür entschieden, zu lügen, aber Gott hat nicht gesagt, daß es gut war, daß sie das getan haben. Gott ist die Wahrheit, und er möchte, daß wir die Wahrheit sagen. Ehrlichkeit ist sehr, sehr wichtig für unsere Familien, unsere Nachbarschaft, unsere Städte, unsere Schulen, unsere Firmen und unsere Freundschaften. Ehrlichkeit bewahrt uns vor Gefahren und macht uns zu glücklicheren Menschen. Sei jemand, der immer die Wahrheit sagt, denn Gott sagt auch immer die Wahrheit.

SCHLÜSSELVERS: *Hört also auf zu lügen und betrügt einander nicht; denn wir alle sind Glieder am Leib Christi. (Eph 4,25)*

ZUSÄTZLICHE BIBELSTELLEN: *Spr 6,16-17; Spr 26,18-19; Joh 8,44; Joh 14,6*

WEITERE FRAGEN: *Kann es jemals richtig sein, wenn man ein Versprechen bricht oder lügt?*
Was ist mit Jakob in der Bibel?
Warum töten die Menschen in der Bibel andere Menschen?
Ist es in Ordnung zu lügen, wenn Gott das zu einem gesagt hat?

ANMERKUNG FÜR DIE ELTERN: *Viele Geschichten stehen deshalb in der Bibel, damit wir von den Personen darin lernen können. Es gibt gute und schlechte Beispiele. Manche Entscheidungen, die die Menschen in der Bibel getroffen haben, sind für uns ein gutes Vorbild, und andere zeigen uns, was wir nicht tun sollten. Wir sollten nicht jedem Beispiel in der Bibel folgen. Die Tatsache, daß Simson gelogen hat, bedeutet nicht, daß wir ebenfalls lügen sollen. Wenn wir in der Bibel Geschichten über solche Menschen lesen, sollten wir uns fragen: »Welche Dinge waren richtig, die diese Person getan hat?« und »Welche Dinge waren falsch, die sie gemacht hat?«*

WAHRHEIT
ODER DIE
FOLGEN

F: WARUM HAT GOTT MASS-STÄBE?

A: Gott hat Maßstäbe und Regeln, um uns zu beschützen und uns zu helfen. In gewisser Hinsicht sind Gottes Regeln und Maßstäbe wie eine Wand, die uns vor der Gefahr schützt. Die Wand hält uns davon ab, weiter zu gehen, als wir sollten, damit wir nicht in Schwierigkeiten geraten. Obwohl wir nicht immer wissen, was auf der anderen Seite der Mauer ist, weiß Gott es. Er liebt uns so sehr, daß er uns davon fernhalten möchte.

Gott hat auch Regeln, die uns helfen, zu wachsen und so zu werden, wie er uns haben möchte. Es ist so ähnlich, wie wenn man ein Baby füttert. Das Baby mag das Essen womöglich nicht – wie es aussieht, schmeckt und sich anfühlt – aber wir wissen, daß das Baby gutes Essen braucht, um gesund zu bleiben und zu wachsen. So wie ein kleines Baby wissen auch wir nicht immer, was wir brauchen, aber Gott weiß es. Weil er uns helfen will, sagt er uns, was wir tun sollen.

Gott hat uns viel lieber, als irgend jemand anders uns lieb hat. Er weiß, was für uns am besten ist. Seine Regeln und Maßstäbe sind gut für uns. Aus diesem Grund sollen wir ihm vertrauen und ihm gehorchen.

SCHLÜSSELVERSE: *Bevor uns Gott diesen neuen Weg geöffnet hat, waren wir im Gefängnis des Gesetzes eingesperrt. Das Gesetz hielt uns unter strenger Aufsicht. Das dauerte so lange, bis Christus kam. Denn einzig und allein durch das Vertrauen sollten wir Gottes Anerkennung finden. (Gal 3,23-24)*

ZUSÄTZLICHE BIBELSTELLEN: *5. Mose 5,31-33; 5. Mose 7,8; Ps 19,8-12; Ps 119,9.33-40; Röm 2,20; Röm 7,12; Hebr 12,9-11*

WEITERE FRAGEN: *Warum gibt es so viele Gesetze in der Bibel?*

A: Wenn jemand sagt, Gott will nicht, daß wir Spaß haben, weiß er nicht, wie Gott in Wirklichkeit ist. Gott *möchte*, daß wir Spaß haben. Jesus war glücklich, und er hat zu den Menschen gesagt, daß sie Freude finden werden, wenn sie ihm nachfolgen. Außerdem sagt Gott in der Bibel zu uns, daß der Himmel ein Ort von unaufhörlicher Freude ist.

Wenn man etwas Falsches tut (wenn man sündigt), kann das Spaß machen. Aber der Spaß dauert nicht für immer, und schließlich hat die Sünde schlimme Auswirkungen. Es ist so, wie wenn man etwas ißt, das gut schmeckt, aber wovon einem später schlecht wird. Der Hauptgrund, warum wir nicht sündigen sollen, ist, daß Gott es zu uns sagt, und wir sollen ihm vertrauen. Gott kennt uns besser als irgend jemand anders. Der Spaß, die Freude und das Glück, die er uns schenken möchte, sind einfach unübertrefflich. Und sie dauern für immer!

Niemand kann mehr Spaß haben als die Menschen, die Gott kennen. Du brauchst nicht zu sündigen, um Spaß zu haben.

SCHLÜSSELVERS: *Ich habe euch dies gesagt, damit meine Freude euch erfüllt und an eurer Freude nichts mehr fehlt. (Joh 15,11)*

ZUSÄTZLICHE BIBELSTELLEN: *Ps 5,12; Ps 19,9; Lk 10,21, Joh 3,29; Joh 17,13; Röm 14,17; Gal 5,22; Phil 1,25; Hebr 11,24-26; Jud 1,24*

WEITERE FRAGEN: *Hat Gott Haß in sich?*

ANMERKUNG FÜR DIE ELTERN: *Achten Sie darauf, daß Sie nicht zu verstehen geben, daß Menschen, die sündigen, keinen Spaß hätten. Kinder wissen es besser – aus ihren Beobachtungen und aus eigener Erfahrung! Betonen Sie die Tatsache, daß Gottes Weg der beste Weg für uns ist, auch wenn ein anderer Weg uns womöglich besser erscheint. Zeigen Sie außerdem den Unterschied zwischen einem augenblicklichen Vergnügen und einem glücklichen und gesunden Leben.*

A: Gott ist sehr traurig, wenn wir böse Dinge tun. Er ist sogar noch viel bekümmerter und trauriger über die Sünden in der Welt als irgend jemand sonst. Gott ist traurig, weil er sieht, wie sehr Sünde uns selbst und andere Menschen verletzt. Aber Gott weiß auch, daß wir am Wachsen sind und daß wir manchmal Fehler machen. Er macht uns immer wieder neu Mut. Er liebt uns so sehr, daß er uns nicht aufgibt.

SCHLÜSSELVERSE: *Beleidigt nicht durch euer Verhalten den heiligen Geist, den Gott euch gegeben hat. Denn er bürgt euch dafür, daß Gott zu seiner Zeit eure Rettung vollenden wird. (Eph 4,30)*

ZUSÄTZLICHE BIBELSTELLEN: *2. Sam 24,16; Mt 23,37*

WEITERE FRAGEN: *Was bedeutet es, den Heiligen Geist zu betrüben?*
Was würde geschehen, wenn ich nicht an die Bibel glauben würde?
Hat Jesus mich wirklich lieb?

ANMERKUNG FÜR DIE ELTERN: *Manchmal machen Eltern sich diese Wahrheit zunutze, um Kinder dahin zu bringen, daß sie sich gut benehmen. Aber viele Kinder, vor allem die jüngeren, fühlen sich bereits schuldig wegen ihres falschen Verhaltens und werden übersensibel für die Vorstellung, daß sie Gottes Gefühle verletzt haben. Sagen Sie statt dessen zu den Kindern, daß Gott sie lieb hat, daß er ihnen dabei hilft, gut zu sein, und daß er sich sehr freut, wenn sie das Richtige tun!*

A: Es gibt nur einen einzigen Weg, wie man in den Himmel kommen kann, und das ist durch Jesus Christus. Nur die Menschen, die auf Jesus vertrauen, kommen in den Himmel. Wir können unser Vertrauen auf Jesus setzen, indem wir zu Gott beten und ihm folgendes sagen:

1. Es tut uns leid, daß wir gesündigt haben – daß wir dir nicht gehorcht und nur für uns selbst gelebt haben.

2. Wir glauben, daß Jesus Christus, Gottes einziger Sohn, auf die Erde kam und am Kreuz für uns gestorben ist, um die Strafe für unsere Sünde auf sich zu nehmen. Wir glauben, daß er wieder vom Tod auferstanden ist.

3. Wir möchten, daß der Heilige Geist in uns lebt und uns leitet.

Die Bibel sagt, daß jeder, der das tut und es wirklich so meint, ein neuer Mensch wird – ein Kind Gottes. Alle Kinder Gottes werden in den Himmel kommen und bei Gott sein, wenn sie sterben.

SCHLÜSSELVERS: *Gott liebte die Menschen so sehr, daß er seinen einzigen Sohn hergab. Nun wird jeder, der sein Vertrauen auf den Sohn Gottes setzt, nicht zugrunde gehen, sondern ewig leben. (Joh 3,16)*

ZUSÄTZLICHE BIBELSTELLEN: *Mt 7,21; Joh 1,11-13; Joh 14,6; Röm 10,9-10*

WEITERE FRAGEN: *Bin ich ein schlechter Mensch, wenn ich Jesus nicht bitte, daß er in mein Herz kommt?
Wie sucht Gott sich aus, wer in den Himmel kommen darf?*

ANMERKUNG FÜR DIE ELTERN: *Aus den Diskussionen über richtig und falsch kann sich sehr leicht die Chance ergeben, daß Sie Ihren Sohn oder Ihre Tochter zu Jesus führen können. Seien Sie darauf vorbereitet, indem Sie wissen, was Sie sagen werden, wenn Ihr Kind eine ähnliche Frage wie diese stellt.*

WAHRHEIT ODER DIE FOLGEN **20**

WENN MAN EIN CHRIST IST UND FLUCHT, KOMMT MAN DANN TROTZDEM IN DEN HIMMEL?

A: Wenn wir Jesus unser Leben gegeben haben, kommen wir in den Himmel, auch wenn wir gelegentlich etwas Böses tun (so wie fluchen). Aber unsere Beziehung zu Gott wird sich auf unser Leben auswirken. Die Menschen werden sehen können, daß unser Leben anders ist, weil wir Christen sind. Ja, wir können böse Dinge tun und trotzdem in den Himmel kommen, aber warum sollten wir das tun wollen? Gott möchte nur das Allerbeste für uns, und wenn wir sündigen, schadet uns das. Der Himmel ist ein Ort, wo alle Menschen jederzeit Gutes tun werden. Und zwar deshalb, weil der Himmel vollkommen ist und weil Gott dort ist. Die Menschen, die Gott lieb haben, lieben es, Gutes zu tun. Wenn wir Gott lieben, möchten wir ihm gefallen und vertrauen darauf, daß er weiß, was für uns am besten ist.

SCHLÜSSELVERS: *Aber jetzt müßt ihr das alles ablegen, auch Zorn und Aufbrausen, Haß, Beleidigung und Verleumdung. (Kol 3,8)*

ZUSÄTZLICHE BIBELSTELLEN: *Spr 4,24; Röm 8,38-39; 1. Petr 1,15-16*

WEITERE FRAGEN: *Wenn ich Jesus bitte, daß er in mein Herz kommt, und danach mache ich etwas Böses, komme ich dann in die Hölle?*
Wenn man lügt und stirbt, bevor man um Vergebung bittet, kommt man dann trotzdem in den Himmel?
Wenn ich wieder vom Glauben abfalle, komme ich dann in die Hölle?
Wenn man betrunken ist und Auto fährt und einen Unfall baut und stirbt, kommt man dann trotzdem in den Himmel?
Wenn man jede Minute sündigt, kommt man dann trotzdem in den Himmel?

ANMERKUNG FÜR DIE ELTERN: *Diese Frage rührt normalerweise eher von dem her, was Kinder von Erwachsenen hören als von Gleichaltrigen. Wenn Sie hören, daß Ihr Kind Schimpfworte gebraucht, nützen Sie diese Gelegenheit und erklären ihm oder ihr, daß das falsch ist und warum. Denken Sie außerdem immer daran, daß Ihr eigenes Vorbild großes Gewicht hat.*

WARUM FÜHLE ICH MICH SCHLECHT, WENN ICH ETWAS FALSCHES TUE?

A: Wenn wir etwas Falsches tun, fühlen wir uns vielleicht schlecht, weil wir andere Leute dadurch verletzen. Oder wir fühlen uns frustriert, weil wir nicht das getan haben, was am besten gewesen wäre. Zudem fühlen wir uns wahrscheinlich schuldig, weil wir Gott enttäuscht haben.

Gott möchte, daß wir das Richtige tun, deshalb hat er in uns ein Warnsystem eingebaut, das uns aufschreckt, wenn wir kurz davor stehen, etwas Falsches zu tun. Dieses Warnsystem nennt man das *Gewissen.* Wenn wir zu nahe an ein Feuer herangehen, warnt uns die Hitze und zeigt uns, daß wir zurückgehen müssen, bevor wir uns verbrennen. Unser Gewissen warnt uns vor schlechten Dingen, weil sie uns schaden, wenn wir sie tun.

SCHLÜSSELVERSE: *Ich habe euch durch meinen Brief weh getan; aber ich bedaure es nicht, daß ich ihn geschrieben habe. Als ich hörte, wie hart er euch getroffen hat, tat es mir zwar leid, aber jetzt freue ich mich darüber. Natürlich nicht, weil mein Brief euch Schmerz bereitet hat, sondern weil dieser Schmerz euch zur Besinnung gebracht hat. Es war ein Schmerz von der Art, die Gott gebrauchen kann. Deshalb war es nicht zu eurem Schaden, daß ich euch so geschrieben habe. Denn wenn ein solcher Tadel einen Schmerz hervorruft, wie Gott ihn haben will, führt das zu einer Reue, die keiner je bereut, und das bedeutet seine Rettung. Wenn dagegen ein solcher Tadel aufgenommen wird, wie es bei Menschen üblich ist, dann bereitet er einen Schmerz, der letzten Endes zum Tod führt. (2. Kor 7,8-10)*

ZUSÄTZLICHE BIBELSTELLEN: *Apg 24,16; Röm 2,15; 1. Kor 4,4; 1. Petr 3,16*

WEITERE FRAGEN: *Warum fühle ich mich schuldig? Was ist Schuld?*

ANMERKUNG FÜR DIE ELTERN: *Es gibt einen Unterschied zwischen Schuldgefühlen und dem echten Bewußtsein einer Schuld. Manche Kinder sind übersensibel und fühlen sich bei fast allem, was sie tun, schuldig. Wenn das auf Ihr Kind zutrifft, helfen Sie ihm oder ihr, die Tiefe von Gottes Liebe und seiner Vergebung zu begreifen.*

WAS SOLL ICH TUN, WENN ICH ETWAS FALSCHES GEMACHT HABE?

A: Das erste, das wir tun sollten, ist beten und Gott bekennen, was wir getan haben. Wir sollten ihm sagen, daß es uns leid tut. Wir können ihn bitten, daß er uns dabei hilft, es nicht wieder zu tun. Außerdem sollten wir Gott bitten, daß er uns hilft, aus dieser Erfahrung zu lernen. Wenn wir Gott unsere Sünden bekennen, bringt uns das wieder zurück in seine Nähe. Denk daran, Gott möchte uns beschützen und uns alle Dinge schenken, die wir zum Leben brauchen. Deshalb sollten wir nahe bei ihm bleiben und mit ihm über alles reden. Versuche, gleich zu beten, wenn du wieder daran denkst, etwas Falsches zu tun. Gott kann dir helfen, Schwierigkeiten zu vermeiden oder wieder aus ihnen herauszukommen. Wenn unsere Sünde andere Menschen verletzt hat, sollten wir auch mit ihnen darüber sprechen. Wir sollten ihnen sagen, daß es uns leid tut, und sie darum bitten, uns zu verzeihen.

SCHLÜSSELVERS: *Wenn wir aber unsere Schuld eingestehen, dürfen wir uns darauf verlassen, daß Gott Wort hält: Er wird uns dann unsere Verfehlungen vergeben und alle Schuld von uns nehmen, die wir auf uns geladen haben. (1. Joh 1,9)*

ZUSÄTZLICHE BIBELSTELLEN: *Mt 5,23-24*

WEITERE FRAGEN: *Ist es falsch, wenn ich etwas nicht zugebe, das ich getan habe?*
Muß ich alles richtig machen?

ANMERKUNG FÜR DIE ELTERN: *Wenn Ihr Kind mit einer Beichte zu Ihnen kommt, sehen Sie das als einen Augenblick an, in dem Sie ihm oder ihr etwas beibringen können. Helfen Sie Ihrem Kind, zu erkennen, was es daraus lernen kann. Seien Sie sanft, liebevoll und vergebend; andernfalls wird das Kind vielleicht nicht wieder zu Ihnen kommen wollen. Oft sind Kinder in ihrer Schuld gefangen. Wenn das der Fall ist, überlegen Sie sich Rituale, die hilfreich sein können, um es davon zu befreien. Zum Beispiel könnte man die Sünden auf ein Blatt Papier schreiben, mit Gott darüber sprechen und anschließend miteinander das Papier zerreißen.*

DIE
WAHRHEIT
SAGEN

IST ES IN ORDNUNG, WENN MAN AB UND ZU LÜGT?

A: Wir sollen *immer* die Wahrheit sagen, weil Gott immer die Wahrheit sagt. Wäre es denn in Ordnung, wenn du ab und zu einen heißen Ofen anfassen würdest? Wenn du das tun würdest, würdest du dich jedesmal dabei verbrennen. Es ist nie richtig zu lügen, nicht einmal ab und zu. Gott sagt zu uns, daß wir immer die Wahrheit sagen sollen, weil er selbst die Wahrheit ist.

Lügen bringt uns außerdem in Schwierigkeiten. Normalerweise führt eine Lüge zur nächsten. Es ist viel einfacher, die Wahrheit zu sagen, als sich daran erinnern zu müssen, welche Lügen man sich ausgedacht hat, damit sie nicht aufgedeckt werden. Wenn wir lügen, fällt es anderen Menschen schwer, uns zu vertrauen. Menschen, die ehrlich sind, sind frei und voller Freude.

SCHLÜSSELVERS: *Hört also auf zu lügen und betrügt einander nicht; denn wir alle sind Glieder am Leib Christi. (Eph 4,25)*

ZUSÄTZLICHE BIBELSTELLEN: *2. Mose 20,16; 1. Kor 13,6; 2. Kor 4,2; Tit 1,2; Hebr 6,18*

WEITERE FRAGEN: *Gibt es so etwas wie Notlügen?*
Ist es falsch, wenn man seinen Eltern sagt, daß der Bruder es getan hat, und er hat es in Wirklichkeit gar nicht gemacht? Warum ist lügen falsch?

ANMERKUNG FÜR DIE ELTERN: *Ihr eigenes Vorbild wiegt in dieser Sache sehr schwer. Auf welche Art und Weise repräsentieren Sie selbst die Wahrheit? Ihr eigenes Beispiel wird Kindern mehr Orientierung geben als jede Antwort, die Sie auf eine Frage nach Lüge und Wahrheit geben können. Wenn Sie ein Kind beim Lügen ertappen, versuchen Sie herauszufinden, warum es gelogen hat. Zeigen Sie dem Kind, wo der Fehler in seiner Begründung liegt und warum die Wahrheit immer der bessere Weg ist.*

DARF MAN LÜGEN, WENN EINEM ETWAS PEINLICH IST ODER WENN MAN ANGST HAT?

A: Nein. Lügen ist falsch, weil Gott die Wahrheit ist und weil er zu uns gesagt hat, daß wir nicht lügen sollen. Manchmal kann es sehr schwer sein, die Wahrheit zu sagen, vor allem, wenn uns etwas peinlich ist oder wenn wir vielleicht dafür bestraft werden. Obwohl viele Leute es ganz in Ordnung finden zu lügen, wollen sie eigentlich, daß andere Menschen zu ihnen ehrlich sind. Wenn du die Wahrheit auch dann sagst, wenn es dir schwer fällt, werden andere Leute erstaunt sein. Sie werden dich wirklich respektieren. Sie werden dir immer mehr vertrauen und feststellen, daß du eine Person bist, auf die man sich verlassen kann. Vielleicht kommen sie sogar zu dir, wenn sie einen Rat brauchen. Gewöhne dir an, immer die Wahrheit zu sagen. Ganz wenige Menschen werden nicht mehr dein Freund sein wollen, nur weil du die Wahrheit sagst. Deine Freunde, deine Schulkameraden, deine Nachbarn und Verwandten wollen sich auf das verlassen können, was du sagst. Die Wahrheit hilft dir; aber Lügen bringen dich in immer größere Schwierigkeiten.

SCHLÜSSELVERSE: *Von ihm (Christus) heißt es: »Er hat kein Unrecht getan; nie ist ein unwahres Wort aus seinem Mund gekommen.« Wenn er beleidigt wurde, gab er es nicht zurück. Wenn er leiden mußte, drohte er nicht mit Vergeltung, sondern vertraute darauf, daß Gott ihm zu seinem Recht verhelfen würde. (1. Petr 2,22-23)*

ZUSÄTZLICHE BIBELSTELLEN: *1. Mose 20,1-18; 1. Mose 26, 1-11; 2. Mose 20,16; Mk 14,53-65; Jak 5,12; 1. Petr 2,1*

WEITERE FRAGEN: *Wenn ich mit meinem Hund gespielt und mit dem Ball ein Fenster eingeworfen habe, ist es dann in Ordnung, wenn ich nichts sage?*
Ist es falsch, wenn man lügt, damit man keinen Ärger bekommt?

ANMERKUNG FÜR DIE ELTERN: *Kinder kommen manchmal in der Schule in peinliche Situationen, in denen sie versucht sind zu lügen, um ihr Gesicht zu wahren oder ihr Ansehen zu verbessern. Wenn das vorkommt, ermutigen Sie Ihr Kind, auf Gott und seine Bewahrung zu vertrauen.*

DÜRFEN MAMA UND PAPA UNS ANLÜGEN, WENN WIR SIE NACH DEN WEIHNACHTSGESCHENKEN FRAGEN?

A: Gott möchte, daß wir immer ehrlich sind. Aber das bedeutet nicht, daß wir auf jede Frage antworten müssen, die andere Leute uns stellen. Genauso wenig müssen wir ihnen immer alles sagen, was wir wissen. Wenn du deine Eltern fragst: »Was bekomme ich von euch zu Weihnachten?« oder »Bekomme ich ein Fahrrad zu Weihnachten?«, können sie so etwas zur Antwort geben wie: »Ich werde es dir nicht sagen, weil es eine Überraschung sein soll.«

Achte darauf, daß du dir keine Entschuldigungen für Lügen ausdenkst. Du sollst nicht lügen und dir danach einen Grund überlegen, warum du gelogen hast. Wenn es um Geschenke geht, gibt es immer Möglichkeiten, wie wir andere Leute überraschen und ihnen eine Freude machen können, ohne sie anzulügen.

SCHLÜSSELVERS: *Meine Brüder! Vor allem laßt das Schwören, wenn ihr irgend etwas beteuern wollt! Schwört weder beim Himmel noch bei der Erde, noch bei sonst etwas. Man muß sich auf euer einfaches Ja oder Nein verlassen können. Sonst verfallt ihr dem Gericht Gottes. (Jak 5,12)*

ZUSÄTZLICHE BIBELSTELLEN: *2. Mose 20,16; Spr 22,12; Kol 4,6*

WEITERE FRAGEN: *Darf man lügen, wenn man jemanden nicht verletzen will?*

ANMERKUNG FÜR DIE ELTERN: *Kinder machen oft keine Ausnahmen bei »allgemein üblichen« Lügen, wie es Erwachsene manchmal tun. Und das ist gut so! Machen Sie es zu einer Familienregel, immer die Wahrheit zu sagen. Wenn Sie selbst sich zur Wahrheit verpflichten, wird das die positive Auswirkung haben, daß in Ihrem Kind der Mut zur Ehrlichkeit wächst.*

F: WENN ICH ETWAS KAPUTT-MACHE, DAS JEMAND ANDEREM GEHÖRT, ABER ICH REPARIERE ES WIEDER, MUSS ICH DANN SAGEN, WAS ICH GEMACHT HABE?

Wie würde es *dir* gefallen, wenn ein Freund von dir etwas von deinen Sachen kaputtmachen und es dir nicht sagen würde, auch wenn er es schon wieder repariert hätte? Wahrscheinlich würde dir das nicht gefallen, besonders wenn du es später herausfinden würdest. Man soll andere Menschen so behandeln, wie man selbst behandelt werden möchte. Das wird die »goldene Regel« genannt. Jesus lehrte, daß wir immer so handeln sollen.

Wenn du dem anderen sagst, was du getan hast, sagst du zum einen die Wahrheit, und zum zweiten zeigt du durch dein Verhalten, daß du diese Person achtest. Wenn man etwas kaputtgemacht hat, das einer anderen Person gehört, ist es sehr wichtig, daß man es entweder selbst wieder in Ordnung bringt oder für die Reparatur bezahlt. Aber man muß der anderen Person auch sagen, was man getan hat, und nicht versuchen, es zu verheimlichen.

Wenn du so handelst, werden andere Menschen wissen, daß du verantwortlich mit Dingen umgehst. Sie werden dir auch noch andere Dinge ausleihen und dir noch mehr vertrauen. Aber wenn du versuchst, etwas zu verheimlichen, und sie es später herausfinden, werden sie dir nicht mehr vertrauen.

SCHLÜSSELVERS: *»Behandelt die Menschen so, wie ihr selbst von ihnen behandelt werden wollt – das ist alles, was das Gesetz und die Propheten fordern.«* (Mt 7,12)

ZUSÄTZLICHE BIBELSTELLEN: *2. Mose 20,16; 2. Mose 22,13*

ANMERKUNG FÜR DIE ELTERN: *Viele Kinder lügen aus Gründen, die mit Unsicherheit und Zweifel an der eigenen Person zu tun haben. Sie lügen, um anzugeben, oder aus Furcht – Furcht davor, schlecht angesehen zu sein, Furcht vor Versagen (sie lügen, um erfolgreich dazustehen), Furcht davor, nicht akzeptiert zu werden, und Furcht vor Strafe. Helfen Sie Ihrem Kind dabei zu begreifen, daß Gott uns vor all diesen Ängsten beschützen kann, wenn wir andere Menschen und deren Eigentum respektieren. Wenn ein Kind Ihnen freiwillig etwas beichtet, nehmen Sie dieses Bekenntnis liebevoll an. Das wird Ihrem Kind Mut geben, die Wahrheit zu sagen, anstatt sich vor der Strafe zu fürchten.*

F: **LÜGEN EIGENTLICH ALLE LEUTE?**

Alle Menschen sündigen, und eine der häufigsten Sünden ist Lügen. Es gibt sogar Menschen, die den Unterschied zwischen Lüge und Wahrheit gar nicht kennen, weil sie so oft lügen. Manche Leute sind so verwirrt, daß sie denken, eine Lüge sei die Wahrheit. Aber nicht alle Menschen lügen. Jeder Mensch entscheidet selbst, ob er lügt oder nicht.

Manchmal sagen Leute etwas, das nicht stimmt, weil sie nicht genau Bescheid wissen. Das ist nicht dasselbe wie lügen. Zum Beispiel sagt vielleicht jemand: »Marcel ist im Garten«, obwohl Marcel vor ein paar Minuten ins Haus gekommen ist. Es ist gut, wenn man das, was man sagen will, vorher überprüft, ob es auch richtig ist. Achte darauf, daß du nichts sagst, bevor du nicht sicher bist, daß es stimmt.

Menschen, die Gott gehorchen wollen, entscheiden sich dafür, nicht zu lügen, weil das der Weg Gottes ist. Jesus hat niemals gelogen. Wenn wir trotzdem einmal lügen, müssen wir Gott um Vergebung bitten. Wir müssen unsere Lüge den Menschen bekennen, die wir angelogen haben, und dann versuchen, es nicht wieder zu tun.

SCHLÜSSELVERS: *Alle sind schuldig geworden und haben die Herrlichkeit verscherzt, die Gott ihnen geschenkt hatte. (Röm 3,23)*

ZUSÄTZLICHE BIBELSTELLEN: *Ps 14,2-3; Spr 18,17; Spr 19,5.9; Röm 3,10-18; Eph 4,18-25*

WEITERE FRAGEN: *Warum lügen Menschen?*

ANMERKUNG FÜR DIE ELTERN: *Es ist verwirrend für Kinder, wenn sie etwas hören, wovon sich später herausstellt, daß es nicht stimmt. Sie denken dann, daß man sie angelogen hat. Womöglich war die betreffende Person jedoch nur schlecht informiert und hat nicht wissentlich gelogen. Verwenden Sie diese Tatsache dazu, Ihre Kinder davor zu warnen, jemand als Lügner zu beschuldigen. Ermutigen Sie Ihre Kinder außerdem, vorsichtig mit dem zu sein, was sie selbst sagen. Zum Beispiel kann man sagen: »Ich bin nicht sicher, aber ich glaube …«*

F: IST ES FALSCH, WENN MAN ZU JEMANDEM SAGT, DASS DIE ELTERN DAHEIM SIND, UND SIE SIND GAR NICHT DAHEIM?

A: Wenn du zu jemand sagst, daß deine Eltern zu Hause sind, obwohl sie gar nicht daheim sind, ist das eine Lüge. Gott sagt zu uns, daß wir nicht lügen sollen. Wenn wir in solchen Dingen lügen, fällt es uns leichter, auch bei anderen Gelegenheiten zu lügen. Aber das heißt nicht, daß du jede Frage beantworten mußt, wenn du am Telefon mit einer fremden Person sprichst. Wenn du allein zu Hause bist, solltest du fremden Leuten am Telefon wahrscheinlich nicht sagen, daß deine Eltern nicht daheim sind. Statt dessen könntest du so etwas sagen wie: »Sie können gerade nicht ans Telefon kommen« oder »Sie sind im Augenblick verhindert« oder »Ich kann ihnen etwas ausrichten, und sie werden dann zurückrufen«. Sprich mit deinen Eltern darüber, was du am Telefon zu fremden Leuten sagen kannst, ohne dabei zu lügen.

SCHLÜSSELVERS: *Wer Gott gehorcht, denkt stets an das Recht; wer Gott mißachtet, plant nichts als Betrug. (Spr 12,5)*

ZUSÄTZLICHE BIBELSTELLEN: *Spr 14,15; Eph 5,6-10*

WEITERE FRAGEN: *Ist es falsch, wenn man jemanden anlügt, weil man das Eigentum seiner Eltern beschützen will?*

ANMERKUNG FÜR DIE ELTERN: *Die Wahrheit zu sagen, bedeutet nicht, daß man alles weitersagen soll, was man über eine bestimmte Angelegenheit weiß. Es wäre vielleicht mehr, als die betreffende Person verstehen würde, oder es ist manchmal einfach nicht angebracht. Helfen Sie Ihrem Kind zu verstehen, daß man Informationen für sich behalten kann, ohne zu lügen. Man kann sagen: »Das kann ich dir nicht sagen«, oder »Ich werde es dir nicht sagen« oder »Ich kann das jetzt nicht erklären«. Aber auch wenn Sie möchten, daß Ihre Kinder manche Dinge für sich behalten, heißt das nicht, daß sie statt dessen etwas Falsches sagen sollen. Helfen Sie Ihren Kindern dabei, einen klaren Unterschied zu machen zwischen Lüge und dem richtigen Umgang mit Informationen.*

F: DARF MAN LÜGEN, WENN MAN DAFÜR SPÄTER DIE WAHRHEIT SAGT?

A: Eine der häufigsten Entschuldigungen für eine Lüge ist: »Ich wollte später die Wahrheit sagen.« Das klingt vielleicht so, als wäre es in Ordnung, aber meistens ist es nur eine weitere Lüge. So etwas kommt oft vor, wenn Leute Spaß machen. Sie erfinden eine Geschichte, damit die anderen darüber lachen. Es ist in Ordnung, wenn man Witze macht und herumalbert, aber es ist nicht in Ordnung zu lügen. Achte immer darauf, daß du nicht als Entschuldigung für eine Lüge sagst: »Es war nur ein Scherz« oder »Ich wollte später die Wahrheit sagen.« Wenn du das tust, werden die Leute nach einer Weile nicht mehr wissen, wann du die Wahrheit sagst und wann nicht. Sie werden dir dann vielleicht nicht mehr vertrauen. Die zweitwichtigste Sache in unserem Leben sind unsere Beziehungen zu anderen Menschen. Vertrauen ist eine der wichtigsten Voraussetzungen für eine gute Beziehung. Kein Spaß ist so wichtig.

SCHLÜSSELVERSE: *Wie ein Irrer, der mit Brandpfeilen und anderen tödlichen Waffen spielt, so handelt der, der seinen Freund betrügt und dann sagt: »Es war nur ein Scherz!«* (Spr 26,18-19)

ZUSÄTZLICHE BIBELSTELLEN: *Eph 4,25*

WEITERE FRAGEN: *Ist es falsch, wenn man jemanden auf den Arm nimmt?*

ANMERKUNG FÜR DIE ELTERN: *Eltern neigen dazu, eine Lüge zu rechtfertigen, indem sie sagen: »Diese Person kann die Wahrheit gar nicht verkraften.« Wenn Sie irgendeine Wahrheit oder einen Teil davon vor Kindern verbergen wollen, erzählen Sie ihnen nur die Dinge, die Sie sagen können, oder sagen Sie überhaupt nichts. Manchmal erfinden Eltern Lügen, um ihre Kinder anzuspornen, bestimmte unangenehme Dinge zu tun (»Iß deinen Teller leer, sonst gibt es schlechtes Wetter«). Überlegen Sie sich einige gute Möglichkeiten, wie Sie Ihre Kinder anspornen können, ohne dabei Zuflucht zu Lügen zu nehmen.*

DARF MAN LÜGEN, WENN MAN EINEN FREUND NICHT VERLETZEN WILL?

A: Wir brauchen nicht zu lügen, um zu verhindern, daß unsere Freunde verletzt werden. Wir können uns bessere Möglichkeiten ausdenken. Zum Beispiel können wir – je nachdem, um was es geht – einen Erwachsenen zu Hilfe holen, der unseren Freund kennt und ihn gern hat. Oder wir können zu unserem Freund sagen: »Ich sage dir das nicht, weil ich nicht möchte, daß du verletzt wirst.« Es gibt viele andere Möglichkeiten, wie man einem Freund helfen kann, außer ihn anzulügen.

Gott liebt dich, und er möchte, daß du ehrlich bist. Deshalb zwingt Gott dich nicht, zu lügen und bringt dich auch nicht in eine Situation, in der du lügen mußt. Suche nach anderen Möglichkeiten, wie du antworten kannst.

Vergiß nicht, daß Gottes Weg immer der beste ist. Du denkst vielleicht, daß du durch eine Lüge verhindern kannst, daß jemand verletzt wird. Aber tatsächlich machst du es für ihn dadurch nur noch schlimmer.

SCHLÜSSELVERS: *Die Proben, auf die euer Glaube bisher gestellt worden ist, sind über das gewöhnliche Maß noch nicht hinausgegangen. Aber Gott hält sein Versprechen und läßt nicht zu, daß die Prüfung über eure Kraft geht. Wenn er euch auf die Probe stellen läßt, sorgt er auch dafür, daß ihr bestehen könnt. (1. Kor 10,13)*

ZUSÄTZLICHE BIBELSTELLEN: *Eph 4,25*

WEITERE FRAGEN: *Was ist, wenn ein Freund zu mir sagt, er wird mich schlagen, falls ich ihn verrate, aber ich weiß, daß er etwas Falsches tut? Wenn man für einen Freund lügt, wäre das dann falsch? Ist es falsch, wenn man nichts sagt, wenn jemand für etwas beschuldigt wird, das er nicht getan hat?*

ANMERKUNG FÜR DIE ELTERN: *Vermeiden Sie, über hypothetische Situationen zu diskutieren. Wenn ein Kind eine solche Frage stellt, versuchen Sie herauszufinden, welche Situation in Wirklichkeit dahintersteckt. Dann können Sie sich miteinander eine Möglichkeit überlegen, wie dem Freund geholfen werden und Ihr Kind Schwierigkeiten vermeiden kann.*

Wie du auf eine Lüge reagieren solltest, hängt davon ab, wen diese Lüge betrifft. Wenn einer deiner Freunde lügt und dabei sagt: »Ich habe zwanzigmal hintereinander ein Tor geschossen, ohne daneben zu treffen«, brauchst du auf diese Art von Lüge eigentlich gar keine Antwort zu geben. Es ist vielleicht sogar am besten, wenn du darauf überhaupt nichts erwiderst. Aber wenn jemand aus deiner Klasse bei einer Klassenarbeit sagt: »Ich bin schon lange fertig«, obwohl es gar nicht wahr ist, wird seine Lüge womöglich auf den Rest der Klasse schlechte Auswirkungen haben. Wenn jemand einen Erwachsenen anlügt in einer Sache, die dich ebenfalls betrifft, wird diese Lüge für dich und womöglich noch für andere Leute Folgen haben. In solchen Fällen mußt du irgendwie darauf reagieren.

Man kann also sagen, auf manche erfundenen Geschichten oder Übertreibungen brauchst du gar nicht näher einzugehen. Dann gibt es aber auch Situationen, in denen du der Person, die lügt, sagen solltest, daß das, was sie sagt, nicht wahr ist. Das ist vor allem dann ganz wichtig, wenn diese Lüge eine andere Person verletzen würde: wenn zum Beispiel jemand eine böse Geschichte über einen Schulkameraden erfindet, wenn jemand in der Schule betrügt, wenn jemand etwas erzählt, das nicht stimmt, weil er von einer anderen Person Geld erschwindeln möchte oder sie dazu überreden will, etwas Falsches zu tun.

Bei ganz schlimmen Lügen solltest du mit einem Erwachsenen darüber reden. In solchen Fällen können Menschen in ernsthafte Schwierigkeiten kommen oder sehr tief verletzt werden.

SCHLÜSSELVERS: *Auch wenn ein Bruder von einer Verfehlung ereilt wird, müßt ihr zeigen, daß der Geist Gottes euch leitet. Bringt einen solchen Menschen mit Nachsicht wieder auf den rechten Weg. Paßt auf, daß ihr nicht selbst zu Fall kommt! (Gal 6,1)*

ZUSÄTZLICHE BIBELSTELLEN: *Röm 14,16; Eph 5,11; Kol 3,9; 1. Thess 5,11; Hebr 3,13; Hebr 10,24*

IST ES IN ORDNUNG, WENN MAN ETWAS VOR SEINEM FREUND GEHEIMHÄLT?

A: Meistens ist es in Ordnung, wenn man Geheimnisse für sich behält. Die Wahrheit zu sagen bedeutet nicht, daß wir jedem, der uns fragt, *alles* weitererzählen müssen, was wir wissen. Manchmal machen Geheimnisse großen Spaß, zum Beispiel bei Geburtstagsgeschenken oder bei anderen tollen Überraschungen. Manchmal ist es auch wichtig, etwas für uns zu behalten, weil es womöglich besser ist, wenn wir bestimmte Informationen nicht an alle Leute weitergeben.

Wir sollten ein Geheimnis *nicht* für uns behalten, wenn dadurch jemand verletzt werden oder in ernsthafte Schwierigkeiten geraten könnte. Falls ein Junge zum Beispiel sagen würde, daß er ein anderes Kind zusammenschlagen will, oder ein Mädchen sagen würde, daß sie etwas aus einem Laden stehlen will. In solchen Fällen sollten wir mit einer Person darüber reden, die in dieser Sache helfen kann – vielleicht mit unseren Eltern, einem Lehrer, einem Trainer, einem Jugendleiter oder einer anderen Vertrauensperson.

Achte darauf, daß du nicht versprichst, daß du ein Geheimnis für dich behalten wirst, bevor du hörst, um was es geht. Ob du etwas davon weitersagst oder nicht, sollte davon abhängen, was für ein Geheimnis es ist.

SCHLÜSSELVERS: *Wer jedes Gerücht weiterträgt, plaudert auch Geheimnisse aus. Darum meide Leute, die zuviel reden! (Spr 20,19)*

ZUSÄTZLICHE BIBELSTELLEN: *Spr 11,13; Spr 27,6; Mt 6,3-6*

WEITERE FRAGEN: *Was soll ich tun, wenn ein Freund etwas macht, wovon ich weiß, daß es ihm schaden wird, aber er hat zu mir gesagt, daß ich nichts weitersagen darf?*

ANMERKUNG FÜR DIE ELTERN: *Machen Sie Ihrem Kind Mut, daß es zu Ihnen kommt und mit Ihnen darüber spricht, wenn es etwas von seinen Freunden erfährt, das andere verletzen oder in Schwierigkeiten bringen kann. Erklären Sie ihm oder ihr, daß man Geheimnisse Menschen weitersagen darf, die in dieser Situation helfen können, und daß man als guter Freund sogar dazu verpflichtet ist. Unterstützen Sie andererseits aber auch keinen »Tratsch«.*

A: Du solltest dich immer bemühen, die Wahrheit zu sagen – auch wenn es weh tut. Aber tu es niemals aus Grausamkeit. Hier sind einige Beispiele, die dir zeigen können, wie du mit der Wahrheit umgehen solltest:

Manchmal tut die Wahrheit weh, aber wir müssen sie trotzdem sagen. Stell dir vor, eine Freundin würde dich zu einer Party einladen. Du könntest nicht zu ihrer Party kommen, aber du würdest ihre Gefühle nicht verletzen wollen. Deshalb würdest du zusagen oder überhaupt nichts sagen, so daß sie denken würde, daß du zu ihrer Party kommen könntest. Obwohl sie traurig wäre, weil du nicht zu ihrer Party kommen kannst, wäre es viel besser für sie, wenn du ihr sofort die Wahrheit sagen würdest.

Du mußt ebenfalls die unangenehme Wahrheit sagen, wenn einer deiner Freunde in Schwierigkeiten gerät. Vielleicht ist dein Freund immer öfter mit schlechten Freunden zusammen. Ein guter Freund zu sein bedeutet, daß du deinem Freund die Wahrheit sagen mußt. Er hört vielleicht nicht gerne, was du ihm zu sagen hast, aber es ist die Wahrheit, und es ist sehr wichtig, daß du mit ihm darüber sprichst.

Daß wir ehrlich und aufrichtig sein sollen, gibt uns jedoch keine Erlaubnis dafür, grausam zu sein. Denk daran, Gott ist liebevoll und freundlich. Daher sollten wir nichts zu anderen sagen, was ihre Gefühle verletzen würde, auch wenn diese Dinge wahr sind. Es wäre zum Beispiel grausam, zu einer Person zu sagen: »Du hast eine große Nase« oder »Du spielst nicht besonders gut Fußball« oder »Euer Haus müßte dringend neu gestrichen werden« oder »Das, was du anhast, sieht alt und abgetragen aus«.

SCHLÜSSELVERS: *Wir dagegen wollen zu der Wahrheit stehen, die Gott uns bekanntgemacht hat, und in Liebe zusammenhalten. So werden wir in allem zu Christus emporwachsen, der unser Haupt ist. (Eph 4,15)*

ZUSÄTZLICHE BIBELSTELLEN: *2. Sam 12,1-12; 2. Kön 5,1-14; Spr 27,6*

F: WENN ES DIR NICHT GEFÄLLT, WAS JEMAND ANHAT, UND ER FRAGT DICH, OB ES DIR GEFÄLLT, SOLLTEST DU IHM DANN DIE WAHRHEIT SAGEN?

A: Wir sollen nicht lügen, aber das heißt nicht, daß wir unfreundlich sein oder andere Menschen durch das, was wir sagen, verletzen sollen. Wir müssen lernen, *taktvoll* zu sein. Taktvoll zu sein bedeutet, daß man die Wahrheit auf nette Art und Weise sagt – besonders dann, wenn die Wahrheit für die andere Person unangenehm ist. Stell dir vor, du findest den neuen Mantel einer anderen Person häßlich. Du brauchst jetzt nicht zu sagen: »Ich finde diesen Mantel einfach schrecklich!« Sondern du könntest nach einer positiven Eigenschaft suchen, wie zum Beispiel: »Er sieht schön warm aus.« Nimm dir vor, das was du denkst, so auszudrücken, daß die Gefühle anderer Menschen nicht verletzt werden. Man kann es lernen.

SCHLÜSSELVERS: *Wir dagegen wollen zu der Wahrheit stehen, die Gott uns bekanntgemacht hat, und in Liebe zusammenhalten. So werden wir in allem zu Christus emporwachsen, der unser Haupt ist. (Eph 4,15)*

ZUSÄTZLICHE BIBELSTELLEN: *Lk 6,31*

WEITERE FRAGEN: *Darf man Leute anlügen und ihnen sagen, daß sie gut aussehen, um nett zu ihnen zu sein?*

ANMERKUNG FÜR DIE ELTERN: *Dies kann ein guter Zeitpunkt dafür sein, den Unterschied zwischen Lüge und Takt zu erklären. Wer lügt, versucht, einen anderen Menschen zu täuschen oder zu betrügen. Takt ist der Versuch, etwas auf nette Art und Weise zu sagen, das eine andere Person womöglich verletzen oder beleidigen könnte. Aber lehren Sie Ihr Kind ebenfalls, nicht ins andere Extrem zu verfallen: Schmeichelei ist genauso falsch und kann in sich eine Form der Lüge darstellen. Wir sollten niemals lügen, nur damit irgend jemand sich dadurch besser fühlt. Statt dessen sollten wir grundsätzlich in liebevoller Weise die Wahrheit sagen.*

SCHULE
UND
FERNSEHEN

A: Es ist nicht falsch, wenn man fernsieht, Radio hört, Videos anschaut oder Musik hört. Aber Gott möchte, daß wir uns gut überlegen, womit wir unsere Gedanken beschäftigen. Viele Dinge, die im Fernsehen, in Filmen, in Videos und im Radio vorkommen, sind nicht gut. Die Menschen benutzen Schimpfwörter und fluchen, sie tun böse Dinge und lassen es so aussehen, als ob Sünde ganz in Ordnung wäre. Das ist eine Lüge. Wir wissen, daß Gott von uns möchte, daß wir das Richtige tun und nicht das Falsche. Er will nicht, daß wir ihm ungehorsam sind. Deshalb sollten wir uns gut überlegen, was wir ansehen und uns anhören. Viele Musikvideos sind nicht in Ordnung. Wenn man solche schlechten Videos anschaut, ist es so, als ob man Abfall essen würde. Es tut uns nicht gut und hilft uns nicht zu wachsen. Statt dessen macht es uns krank. Wir sollten unsere Gedanken mit Bildern, Worten und Dingen beschäftigen, die Gott ehren.

SCHLÜSSELVERS: *Im übrigen, meine Brüder: Richtet eure Gedanken auf das, was gut ist und Lob verdient, was wahr, edel, gerecht, rein, liebenswert und schön ist. (Phil 4,8)*

ZUSÄTZLICHE BIBELSTELLEN: *Eph 5,11*

WEITERE FRAGEN: *Warum sind manche Musikvideos so dumm? Warum ist es falsch, wenn man sich Musikvideos anschaut?*

ANMERKUNG FÜR DIE ELTERN: *Achten Sie darauf, daß Sie kein generelles negatives Urteil über Musikvideos fällen. Einige christliche Musiker produzieren ebenfalls Musikvideos. Hüten Sie sich davor, verallgemeinernde Aussagen über irgend etwas zu machen, womit Jugendliche sich beschäftigen. Sowie Sie und Ihre Kinder mit neuen Herausforderungen konfrontiert werden, lernen Sie, diese Dinge mit Gottes Maßstäben zu vergleichen.*

**WARUM MACHEN MANCHE
LEUTE MUSIK MIT SCHLECHTEN
WÖRTERN DARIN?**

A: Manche Musiker und Komponisten haben keine Hoffnung und lieben Gott nicht, daher schreiben und singen sie zornige und haßerfüllte Lieder. Es gibt Musik, in der Schimpfwörter und Flüche vorkommen, weil die Komponisten und Sänger ihre Zuhörer schockieren und dadurch ihre Aufmerksamkeit bekommen wollen. Weil die Musiker Gott nicht lieben, denken sie, daß es ganz in Ordnung ist, diese provozierende Sprache zu verwenden. Meistens ist es jedoch so, daß die Musik Schimpfwörter und Flüche beinhaltet, weil die Komponisten, Sänger, Produzenten und Läden Geld verdienen wollen. Leider verkauft sich diese Art von Musik sehr gut. Deshalb werden immer mehr solche Lieder gemacht. Kauf dir selbst keine Musik, in der Flüche oder falsche Aussagen über das Leben vorkommen. Wenn ein schlechtes Lied im Radio gespielt wird, wechsle den Sender. Laß dir deine Gedanken nicht mit Abfall füllen.

SCHLÜSSELVERSE: *Wer unbedingt reich werden möchte, gerät in Versuchung. Er verfängt sich in unsinnigen und schädlichen Wünschen, die ihn zugrunde richten und ins ewige Verderben stürzen. Denn Geldgier ist eine Wurzel alles Bösen. Manche sind ihr so verfallen, daß sie dem Herrn untreu wurden und sich selbst die schlimmsten Qualen bereiteten. (1. Tim 6,9-10)*

ZUSÄTZLICHE BIBELSTELLEN: *Spr 4,23; Eph 4,29; Phil 4,8*

WEITERE FRAGEN: *Warum singen die Leute ein Lied über die Autobahn zur Hölle?*
Warum fluchen manche Leute?

ANMERKUNG FÜR DIE ELTERN: *Musik in sich selbst ist nicht schlecht. Sie ist eine gute Sache, die von manchen Menschen pervertiert wird. Helfen Sie Ihren Kindern dabei, Musik zu finden, die sie gerne anhören und die Gottes Maßstäbe nicht verletzt.*

F: IST ES IN ORDNUNG, WENN MAN SICH SCHLECHTE MUSIK-GRUPPEN ANHÖRT UND DABEI NICHT AUF DIE WORTE HÖRT, DIE SIE SINGEN?

A: Ein schlechtes Lied anhören zu wollen, ohne dabei auf die Worte zu hören, ist etwa so, als ob man sich mit geschlossenen Augen einen Videofilm ansehen will. Es geht gar nicht. Selbst wenn du den Worten keine Beachtung schenkst, hörst du sie trotzdem, und sie beeinflussen deine Gedanken. Außerdem, stell dir vor, was andere denken, wenn sie sehen, wie du dir Musik anhörst, von der sie wissen, daß sie schlecht ist. Sie würden sich vermutlich fragen, was für ein Christ du eigentlich bist. Indem wir Musik hören und kaufen, unterstützen wir die Musiker, die sie spielen, und du möchtest doch sicher keine schlechten Gruppen unterstützen.

Aber nicht jede Musik ist schlecht! Es gibt viele Lieder mit guten Texten, und sie sind ganz toll! Beschäftige dich mit den Dingen, die gut sind – tu alles zur Ehre Gottes. Vertrau darauf, daß die Dinge, die Gott gefallen, am besten für dich sind. Er hat dich sehr lieb!

SCHLÜSSELVERS: *Ich sage also: Wenn ihr eßt oder trinkt oder sonst etwas tut, so tut alles zur Ehre Gottes. (1. Kor 10,31)*

ZUSÄTZLICHE BIBELSTELLEN: *Röm 12,2; Phil 4,8*

WEITERE FRAGEN: *Ist es falsch, wenn man sich weltliche Musik anhört?*
Ist es falsch, sich weltliche Musik anzuhören, wenn man die Texte gelesen hat und sie nicht so schlimm sind?

ANMERKUNG FÜR DIE ELTERN: *Musik hat für die meisten älteren Kinder und ihre Freunde große Bedeutung. Sicher ist es in Ordnung, wenn Sie Grenzen ziehen und Ihren Kindern sagen, welche Musik sie anhören dürfen. Aber es ist effektiver, zu steuern, anstatt nur zu bremsen. Das heißt, wenn Sie Ihren Kindern sagen, daß sie sich eine bestimmte Gruppe nicht anhören dürfen, schlagen Sie gleichzeitig eine Alternative vor. Vermitteln Sie nicht den Eindruck, daß nur die Musik, die Sie selbst hören, in Ordnung ist (oder aber die Musik, die Sie selbst im Alter Ihrer Kinder gerne hörten).*

**WARUM DÜRFEN WIR MANCHE
SENDUNGEN IM FERNSEHEN
NICHT ANSCHAUEN?**

A: In den meisten Fernsehsendungen sagen und tun die Menschen viele Dinge, die im Gegensatz dazu stehen, was Gott will. Die meisten Leute, die Fernsehsendungen produzieren, sind keine Christen. Sie kennen Gott nicht und produzieren sehr oft Sendungen, die uns nicht gut tun, wenn wir sie ansehen. In manchen Sendungen wird man sogar dazu ermutigt, falsche Dinge zu tun. Wir sollten uns immer bemühen, das Richtige zu tun. Deshalb ist es gut, wenn wir den Fernseher ausschalten oder den Kanal wechseln, wenn eine schlechte Sendung kommt. Wir sollten über unser Herz wachen, denn was unsere Gedanken beschäftigt, wird große Auswirkung auf unser Leben haben (Spr 4,23).

SCHLÜSSELVERS: *Im übrigen, meine Brüder: Richtet eure Gedanken auf das, was gut ist und Lob verdient, was wahr, edel, gerecht, rein, liebenswert und schön ist. (Phil 4,8)*

ZUSÄTZLICHE BIBELSTELLEN: *Spr 4,23; Spr 23,17; Eph 5,11; Phil 2,14-16; Jak 4,4*

WEITERE FRAGEN: *Warum kommt es darauf an, was man sich im Fernsehen anschaut, wenn man Christ ist?*
Warum müssen wir uns überlegen, was wir im Fernsehen anschauen können?
Ist es richtig oder falsch, wenn man sich weltliche Filme anschaut?
Ist Fernsehen schlecht?

ANMERKUNG FÜR DIE ELTERN: *Diese Art von Fragen berührt die fundamentale Frage, wofür wir eigentlich hier auf der Erde leben. Wir sind hier, damit wir lernen, andere Menschen zu lieben, Gott zu vertrauen und in seiner Gegenwart zu leben. Wir sollen lernen, anderen Menschen Gottes Liebe zu zeigen. Wir sind nicht hier, um vordergründiges Vergnügen zu suchen. Helfen Sie Ihren Kindern dabei, dieses Gesamtbild zu sehen, damit sie in den verschiedenen Bereichen ihres Lebens gute Entscheidungen treffen können.*

F: WAS IST, WENN MEIN VATER ODER MEINE MUTTER MIR ERLAUBT HAT, EINE BESTIMMTE SENDUNG IM FERNSEHEN ANZUSCHAUEN, UND DANN SAGT DER ANDERE, ICH DARF NICHT?

A: Wenn *ein* Elternteil nein sagt, dann akzeptiere das als deine Antwort und versuche nicht, vom anderen Elternteil die Erlaubnis zu bekommen.

Manche Kinder pendeln so lange zwischen ihren Eltern hin und her, bis einer von beiden nachgibt. Das ist falsch, weil man das verachtet, was der andere gesagt hat. Wenn deine Mutter oder dein Vater sagt, daß du etwas nicht tun darfst (wie zum Beispiel einen bestimmten Film anschauen), kannst du ihn oder sie auf nette Weise fragen, warum. Es wird dir helfen, den Grund für das Nein zu verstehen. Aber versuche nicht, mit deinen Eltern zu streiten oder mürrisch zu sein oder zu jammern. Bedanke dich statt dessen bei ihnen und sei ihnen gehorsam. Gott möchte, daß wir unsere Eltern ehren und ihnen gehorchen. Er hat es in seinem Wort zu uns gesagt. Warum will Gott, daß Kinder ihren Eltern gehorsam sind? Weil Gott auf diese Weise Kinder beschützt und ihnen das gibt, was sie brauchen, um erwachsen zu werden. Wenn du deinen Eltern gehorchst und sie respektierst, wirst du alle Dinge lernen, die für ein glückliches und erfolgreiches Leben notwendig sind.

SCHLÜSSELVERSE: *Mein Sohn, halte dich an die Weisungen deines Vaters! Vergiß nicht, was deine Mutter dich gelehrt hat! Laß dir die Worte deiner Eltern am Herzen liegen, so nahe wie das Siegel, das du an einer Schnur um den Hals trägst. (Spr 6,20-21)*

ZUSÄTZLICHE BIBELSTELLEN: *2. Mose 20,12; Eph 6,1-3*

ANMERKUNG FÜR DIE ELTERN: *Es ist sehr wichtig, daß Eltern einander unterstützen, wenn Kinder zu einem Elternteil kommen mit der Bitte, das außer Kraft zu setzen, was der andere gesagt hat. Gehen Sie grundsätzlich so vor, daß Sie die erste Antwort als die endgültige bestätigen – es sei denn, Sie beide kommen miteinander überein, Ihre Meinung zu ändern.*

Manche Witze sind lustig, aber nicht gut. Wir sollten es vermeiden, über schmutzige Witze zu lachen. In einem schmutzigen Witz werden gemeine Worte gebraucht, oder es geht dabei um Sexualität. Man verdreht etwas oder sagt etwas Böses, nur damit andere darüber lachen. Sogar Menschen, die Gott nicht kennen, reden von »schmutzigen« Witzen – das zeigt, daß diese Witze wirklich schlecht sind. Wenn ein Witz sich über andere Menschen, über ihre Rasse, ihre Hautfarbe, ihre Religion oder andere Eigenschaften lustig macht, ist er ebenfalls nicht gut. Warum? Weil Gott heilig und rein ist, und er möchte, daß wir auch rein sind. Wenn wir versuchen, so zu sein wie Gott, haben wir den Schlüssel dafür, wie wir nach Gottes Willen leben sollen. Wenn wir schmutzige Witze erzählen oder anhören, füllen wir unseren Kopf mit falschen Gedanken und verletzen womöglich andere Menschen dadurch.

Wenn jemand in deiner Nähe gemeine Witze erzählt, dann geh einfach weg. Hör dieser Person nicht zu und sporne sie nicht dazu an, solche Witze zu erzählen. Es gibt viele gute und saubere Witze. Du kannst sie anhören, weitererzählen und viel Spaß dabei haben.

SCHLÜSSELVERS: *Es paßt auch nicht zu euch, gemeine, dumme oder schlüpfrige Reden zu führen. Benutzt eure Zunge lieber, um Gott zu danken! (Eph 5,4)*

ZUSÄTZLICHE BIBELSTELLEN: *2. Mose 23,2; Ps 1,1-2; Spr 3,34; Spr 4,14-15*

WEITERE FRAGEN: *Ist es in Ordnung, wenn man über lustige Witze lacht, in denen es um böse Dinge geht? Ist es falsch, schlechte Witze zu erzählen?*

ANMERKUNG FÜR DIE ELTERN: *Es ist erstaunlich, welche Kompromisse wir eingehen, nur weil wir zum Lachen gebracht werden. Achten Sie darauf, schmutzige Witze nicht zu wiederholen oder darüber zu lachen. Humor ist nicht unerheblich. Und für ein Kind bedeutet Lachen Bestätigung.*

A: Die Schule ist wichtig, denn dort lernen wir viele wichtige Dinge für unser Leben in dieser Welt. Hausaufgaben sind ein wichtiger Bestandteil der Schule. Die Lehrer geben Hausaufgaben auf, um den Schülern zu helfen, die Dinge zu lernen, die im Unterricht behandelt werden. Denk daran: Gott möchte, daß wir bei allem, was wir tun, unser Bestes geben – und dazu gehört auch die Schule. Es ist in Ordnung, wenn wir fernsehen (falls wir uns gute Sendungen anschauen), aber die Schule ist wichtiger.

Damit du den größten Nutzen von der Schule hast, solltest du zuerst deine Hausaufgaben machen und dir möglichst viel Mühe dabei geben. Unsere Pflichten und Aufgaben in der Familie sollten vor dem Spielen und dem Vergnügen kommen. Danach kannst du dir Zeit zum Spielen nehmen, zum Fernsehen oder für andere Beschäftigungen. Oft wirst du deine Freizeit, das Spielen und das Vergnügen viel besser genießen können, wenn du vorher deine Pflichten erfüllt hast!

SCHLÜSSELVERSE: *Sieh dir die Ameise an, du Faulpelz! Nimm dir ein Beispiel an ihr, damit du gescheit wirst. Sie hat keinen Aufseher und keinen Antreiber. Und doch sorgt sie im Sommer für ihre Nahrung und sammelt zur Erntezeit ihre Vorräte. (Spr 6,6-8)*

ZUSÄTZLICHE BIBELSTELLEN: *Kol 3,23-24; 1. Tim 4,12; 2. Tim 2,15.22*

ANMERKUNG FÜR DIE ELTERN: *Diese Art von Fragen können Sie als Gelegenheit benutzen, um mit Ihren Kindern über Verantwortung zu sprechen und darüber, welche Befriedigung man empfindet, wenn man eine Aufgabe gut erledigt hat. Jeder Mensch hat Pflichten, und manche machen einfach keinen Spaß. Aber wir können uns in jeder Lage entscheiden, welche Einstellung wir dazu haben, und wir können uns dafür entscheiden, uns über die verschiedenen Arten von Verantwortung zu freuen, die Gott uns übertragen hat. Ermutigen Sie Ihr Kind dazu, Arbeit nicht als lästiges Übel anzusehen, sondern sie als einen Dienst für Gott zu tun und Freude daran zu haben.*

**WENN JEMAND »JESUS« SAGT,
WENN ER WÜTEND IST, IST
DAS DANN NICHT SO WIE
BETEN?**

A: Nein. Es ist *eine* Sache, mit Gott zu reden. Es ist eine andere Sache, seinen Namen als Fluch auszusprechen, weil man verletzt oder wütend ist.

Manchmal kann dasselbe Wort verschiedene Bedeutungen haben. *Wann* und *wie* wir dieses Wort sagen, hilft uns zu erkennen, was wir damit meinen. Zum Beispiel lächelt vielleicht jemand und sagt mit einem freudigen Ton in der Stimme: »Das ist ja toll!« Aber eine andere Person runzelt vielleicht die Stirn und murmelt ärgerlich: »Das ist ja toll!« Dieselben Worte haben dann ganz unterschiedliche Bedeutungen.

Das gleiche gilt für den Namen Gottes. Wenn Menschen die Worte »Gott«, »Jesus« oder »Christus« in einem Satz verwenden, können wir daran, wann und wie sie es sagen, erkennen, was sie damit meinen. Wenn wir im Gottesdienst sind und beten, gebrauchen wir den Namen Gottes. In Jungscharstunden und im Kindergottesdienst reden wir viel über Jesus. Wir sprechen mit unseren Freunden über Jesus Christus. Hier ist es immer richtig und gut, den Namen Gottes zu nennen. Aber manche Leute sprechen den Namen Gottes im Zorn, im Ärger oder nur so nebenbei aus. Das nennt man fluchen oder den Namen Gottes mißbrauchen. Es ist nicht in Ordnung. Gott sagt, daß es falsch ist.

Wir haben Gott lieb und wollen ihm gefallen. Wir haben Jesus lieb und danken ihm dafür, daß er am Kreuz für uns gestorben ist. Deshalb sollten wir nur »Gott«, »Jesus« oder »Jesus Christus« sagen, wenn wir Gott ernst nehmen und wenn wir ihm danken oder zu ihm beten. Wir sollten nicht einmal »Mein Gott« oder »O Gott« sagen, wenn wir überrascht sind. Behandle Gott mit Respekt. Ehre seinen Namen. Das wird anderen Menschen zeigen, daß du Gott liebst und ihn respektierst.

SCHLÜSSELVERS: *Mißbrauche nicht den Namen des Herrn, deines Gottes, denn der Herr wird jeden bestrafen, der das tut. (2. Mose 20, 7)*

WEITERE FRAGEN: *Warum ist es falsch, wenn man »O mein Gott« sagt?*
Warum mißbrauchen die Leute den Namen Gottes?
Darf man andere beschimpfen?
Warum ist fluchen falsch?

FAMILIEN-
ANGELEGEN-
HEITEN

A: Gott hat die Ehe geschaffen, weil jeder Mensch einen anderen Menschen braucht, der bei ihm ist, der ihn lieb hat und den er lieb haben kann. Gott hat die Ehe auch dafür geschaffen, um durch sie Kinder auf die Welt zu bringen. Die Ehe ist etwas sehr Gutes. Gott hat den ersten Mann und die erste Frau sogar schon im Garten Eden zusammengebracht, bevor die Sünde in die Welt kam. Gott weiß, was für uns am besten ist. Er weiß, daß Säuglinge und Kinder eine Mutter und einen Vater brauchen, die sie beschützen und sich um sie kümmern. Die Menschen, die miteinander verheiratet sind, sollten zusammenbleiben, miteinander ihre Probleme lösen und gute Eltern sein. Das ist Gottes Plan.

SCHLÜSSELVERS: *Deshalb verläßt ein Mann Vater und Mutter, um mit seiner Frau zu leben. Die zwei sind dann eins, mit Leib und Seele. (Mt 19,5)*

ZUSÄTZLICHE BIBELSTELLEN: *1. Mose 2,4-25; 1. Kor 7,1-2; Eph 5,31-33*

WEITERE FRAGEN: *Warum muß ich verheiratet sein, damit ich ein Kind bekommen kann?*

ANMERKUNG FÜR DIE ELTERN: *Machen Sie deutlich, daß Gott uns zu einem harmonischen Familienleben verhelfen möchte. Gott verläßt Familien nicht, die eine Scheidung oder einen anderen Zusammenbruch erlitten haben. Gott hat die Ehe für uns Menschen geschaffen, und sein Plan ist, daß ein Mann und eine Frau ihr Leben lang zusammenbleiben. Aber trotzdem finden in unserer sündigen Welt Scheidungen statt. Durch seine Gnade kann Gott jede Familie zu einem Ort machen, wo Kinder den Schutz und die Versorgung erhalten, die sie brauchen. Hören Sie nie auf, Gott zu vertrauen und in der Abhängigkeit von ihm zu leben, damit er Ihnen dabei hilft, aus Ihrer Situation das Optimale zu machen.*

WARUM LEBEN IM FERNSEHEN MENSCHEN ZUSAMMEN, DIE NICHT VERHEIRATET SIND?

A: Viele Leute, die Fernsehsendungen produzieren, kennen Gott nicht und kümmern sich nicht darum, was er will. Sie verstehen nicht, daß Gottes Plan für unser Leben der allerbeste ist. Manche Fernsehsendungen sollen beweisen, daß die Ehe nicht wichtig ist. Aber Gott hat die Ehe geschaffen, und er sagt, daß sie sehr wichtig ist. Gott möchte, daß ein Mann und eine Frau, die zusammen leben, miteinander verheiratet sind.

SCHLÜSSELVERS: *Aber obwohl sie Gott kannten, gaben sie ihm nicht die Ehre, die ihm zusteht, und dankten ihm nicht. Ihre Gedanken gingen in die Irre, und in ihren unverständigen Herzen wurde es finster. (Röm 1,21)*

ZUSÄTZLICHE BIBELSTELLEN: *2. Mose 20,14.17; Spr 6,24; Spr 7,4-27; Jer 29,6; Mal 2,13-16; Mt 19,3-9; Röm 7,2; 1. Kor 5,9-11; 1. Kor 6,18-20; 1. Kor 7,8-14; Kol 3,5; Hebr 13,4*

WEITERE FRAGEN: *Wann kann man miteinander schlafen? Warum ist es falsch, wenn man miteinander schläft, bevor man verheiratet ist?*

ANMERKUNG FÜR DIE ELTERN: *Haben Sie ein Auge darauf, was Ihre Familie im Fernsehen anschaut. Wenn in einem Film oder einer Werbesendung eine Szene vorkommt, die Sie nicht gutheißen, reden Sie mit Ihren Kindern darüber. Sprechen Sie miteinander darüber, warum es falsch ist und was die Bibel über Sexualität sagt.*

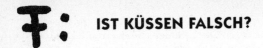

A: Küssen ist nicht falsch. Viele Leute, die zur gleichen Familie gehören, küssen einander. In manchen Ländern küssen Freunde einander auf die Wange, wenn sie sich begrüßen. Ehepaare küssen sich auch oft. Durch einen Kuß kann man einer Person, die einem sehr wichtig ist, seine Liebe und Zuneigung zeigen.

SCHLÜSSELVERSE: *Dann wies er (Jesus) auf die Frau und sagte zu Simon: »Sieh diese Frau an! Ich kam in dein Haus, und du hast mir kein Wasser für die Füße gereicht; sie aber hat mir die Füße mit Tränen gewaschen und mit ihren Haaren abgetrocknet. Du gabst mir keinen Kuß zur Begrüßung, sie aber hat nicht aufgehört, mir die Füße zu küssen, seit ich hier bin.« (Lk 7,44-45)*

WEITERE FRAGEN: *Ist es falsch, wenn ich mit Jungen ausgehe, bevor ich sechzehn bin?*

ANMERKUNG FÜR DIE ELTERN: *Viele Kinder versuchen das nachzuahmen, was sie im Fernsehen sehen, wo sehr oft geküßt wird. Es verwirrt sie womöglich, und sie denken dann, daß Küssen die richtige Art ist, wie man einer anderen Person zeigen soll, daß man sie mag. Aus diesem Grund schleicht sich ein Junge an ein Mädchen heran, küßt es auf die Wange und rennt weg. Wenn kleine Kinder Ihnen Fragen über das Küssen stellen, nehmen Sie sich Zeit, ihnen zu erklären, wann Küsse richtig und angebracht sind.*

WARUM MUSS ICH MEINEN ELTERN GEHORCHEN?

A: Der wichtigste Grund, weshalb Kinder ihren Eltern gehorchen sollen, ist, daß Gott es gesagt hat. Gott weiß, daß Kinder Schutz und Führung brauchen; und Eltern sind die Menschen, die ihnen diese Dinge am besten geben können. Eltern kümmern sich um ihre Kinder, geben ihnen zu essen und alles andere, was sie brauchen. Unsere Eltern lehren uns außerdem, richtig und falsch voneinander zu unterscheiden. Wenn wir so leben möchten, wie Gott es will, müssen wir auf ihn hören und tun, was er sagt. Dazu gehört auch, daß wir unseren Eltern gehorchen. Wenn du deinen Eltern gehorsam bist, bist du auf dem richtigen Weg, damit du vieles lernst und erwachsen wirst und in der Zukunft ein gutes Leben haben wirst.

SCHLÜSSELVERSE: *Ihr Kinder, gehorcht euren Eltern und bezeugt dadurch eure Unterordnung unter den Herrn. So ist es recht und billig. »Ehre Vater und Mutter« ist das erste Gebot, dem eine Zusage folgt: »Dann wird es dir gutgehen, und du wirst lange leben auf dieser Erde.« (Eph 6,1-3)*

ZUSÄTZLICHE BIBELSTELLEN: *2. Mose 20,12; Röm 13,1-7; Kol 3,20*

WEITERE FRAGEN: *Ist es falsch, wenn ich mich mit meinen Eltern streite?*
Ist es in Ordnung, wenn ich zu einem Freund in der Nachbarschaft gehe, obwohl meine Eltern wollen, daß ich meine Hausaufgaben mache?

ANMERKUNG FÜR DIE ELTERN: *Gebrauchen Sie Ihre Autorität nicht dazu, um für Sie selbst andere Maßstäbe festzulegen, wenn Sie nicht einen anderen stichhaltigen Grund dafür haben außer, daß »Sie eben der Chef sind«. Seien Sie aber auch nicht überrascht, wenn Ihr Kind sich gegen Ihre Gebote auflehnt. Kinder protestieren grundsätzlich gegen die Entscheidungen ihrer Eltern, auch wenn sie noch so liebevoll und klug sind. Um Auseinandersetzungen auf ein Minimum zu reduzieren, sollten Sie immer einen guten Grund für die Regeln haben, die Sie Ihren Kindern auferlegen.*

IST ES FALSCH, WENN ICH MIR DIE FINGER IN DIE OHREN STECKE, SO DASS ICH MEINE ELTERN NICHT HÖREN KANN?

A: Manche Kinder denken, wenn sie ihre Eltern nicht hören könnten, müßten sie nicht tun, was die Eltern zu ihnen sagen. Aber Gott sagt zu uns, daß wir unseren Eltern nicht nur gehorsam sein, sondern daß wir sie *ehren* sollen. Das bedeutet, daß wir sie mit Respekt behandeln sollen. Wenn wir unsere Eltern respektieren, schauen wir sie an, während sie mit uns sprechen, und wir achten genau darauf, was sie zu uns sagen. Wir versuchen nicht etwa, unsere Ohren zuzustopfen oder so zu tun, als würden wir sie nicht hören. Unsere Eltern zu ehren, bedeutet auch, daß wir uns richtig verhalten und ihnen nicht widersprechen. Du sollst nicht nur deshalb auf deine Eltern hören, damit sie sich freuen, sondern weil es zu deinem eigenen Besten ist. Gott hat dich lieb, und er will das Allerbeste für dich.

SCHLÜSSELVERS: *Ehre Vater und Mutter! Dann wirst du lange in dem Land leben, das dir der Herr, dein Gott, gibt. (2. Mose 20,12)*

ZUSÄTZLICHE BIBELSTELLEN: *5. Mose 5,16; Lk 6,31*

WEITERE FRAGEN: *Ist es falsch, wenn ich meine Eltern böse anschaue, weil sie mich anschreien?*
Ist es falsch, wenn ich nicht darauf achte, was meine Eltern sagen, weil ich nicht zuhören will?

ANMERKUNG FÜR DIE ELTERN: *Begehen Sie nicht den Fehler, ein Kind anzuschreien, um seine Aufmerksamkeit zu erlangen. Ihr Kind wird oft schneller gehorchen, wenn Sie ihm erklären, was Sie von ihm erwarten und weshalb es Ihnen gehorchen muß.*

F: WARUM DARF ICH NICHT MOTZEN, WENN MEINE MUTTER MICH UM ETWAS BITTET?

A: Denk daran, daß die Bibel zu uns sagt, daß wir unsere Eltern ehren sollen. Das bedeutet, daß wir höflich sein sollen, uns richtig verhalten und unseren Eltern gegenüber respektvoll sein sollen – selbst wenn wir nicht mit ihnen übereinstimmen. Wenn du anderer Meinung bist als deine Eltern, kannst du ihnen sagen, was du empfindest, ohne dich zu beklagen oder sie durch Worte zu verletzen. Denk daran, was sie alles für dich tun. Es wird dir helfen, dankbar zu sein, anstatt ständig zu motzen. Menschen, die immer jammern und klagen, haben nicht viele Freunde, sie sind meistens unglücklich und haben oft ein sehr trauriges Leben. Je mehr sie jammern, desto schlimmer wird es! Du kannst dich dafür entscheiden, zufrieden zu sein und das Beste aus deiner Lage zu machen.

SCHLÜSSELVERS: *Tut, was Gott gefällt, ohne Wenn und Aber!* *(Phil 2,14)*

ZUSÄTZLICHE BIBELSTELLEN: *Mt 21,28-31; Jak 5,9; 1. Petr 4,9*

WEITERE FRAGEN: *Ist es in Ordnung, wenn ich mich beklage, weil meine Mutter will, daß ich etwas Bestimmtes tue?*

ANMERKUNG FÜR DIE ELTERN: *Erklären Sie Ihrem Kind: »Es kommt nicht darauf an, ob du es gerne tust, aber du mußt es tun.« Wenn Ihr Kind auf ruhige und respektvolle Weise seine Einwände vorbringt, loben Sie die richtige Haltung des Kindes, und ziehen Sie die Einwände sorgfältig in Betracht.*

**WENN MEINE ELTERN SICH
STREITEN, DARF ICH IHNEN
DANN SAGEN, DASS SIE
AUFHÖREN SOLLEN?**

A: Manchmal haben Eltern unterschiedliche Ansichten, und dann müssen sie darüber reden. Nur weil ein Mann und eine Frau lebhaft miteinander diskutieren, heißt das nicht, daß sie ernsthafte Probleme haben. Sogar Menschen, die sich sehr, sehr lieb haben, sind ab und zu nicht derselben Meinung. Unterschiedliche Meinungen zu haben, ist nicht falsch, und wenn Menschen miteinander diskutieren, bedeutet das nicht, daß sie sich hassen. Dazu kommt, daß es als Kind nicht deine Aufgabe ist, dafür zu sorgen, daß deine Eltern nicht miteinander streiten. Du kannst ihnen sagen, was du empfindest, aber versuche nicht, ihnen Vorschriften zu machen. Bete für deine Eltern, wenn sie eine Meinungsverschiedenheit haben.

Wenn allerdings die Auseinandersetzung deiner Eltern dahin führt, daß sie sich gegenseitig anschreien und anbrüllen, sich beschimpfen oder sogar schlagen, müßtest du vielleicht mit einem anderen Erwachsenen reden, der deinen Eltern helfen kann. Der Pastor deiner Gemeinde oder Kirche wäre vielleicht eine gute Person dafür.

SCHLÜSSELVERS: *Wer sich in einen Streit mischt, der ihn nichts angeht, schafft sich ähnlichen Ärger wie jemand, der einen vorüberlaufenden Hund bei den Ohren packt. (Spr 26,17)*

ZUSÄTZLICHE BIBELSTELLEN: *Phil 4,2*

WEITERE FRAGEN: *Wenn Streiten falsch ist, wie kommt es dann, daß meine Eltern sich streiten?*
Wissen Erwachsene immer mehr als Kinder?

ANMERKUNG FÜR DIE ELTERN: *Für ein Kind kann es sehr schlimm sein, wenn es hören muß, wie seine Eltern sich streiten. Sie und Ihr Ehepartner werden von Zeit zu Zeit Meinungsverschiedenheiten haben und darüber reden müssen. Aber seien Sie vorsichtig, auf welche Weise Sie miteinander diskutieren, vor allem vor den Augen und Ohren Ihrer Kinder. Argumentieren Sie fair, d.h. fluchen Sie nicht, beschimpfen Sie den anderen nicht und verwenden Sie keine intimen Informationen gegen ihn.*

A: Ja. Es ist wunderbar, jemanden zu haben, dem man vertrauen kann. Mütter und Väter, die ihre Kinder liebhaben, wollen ihnen helfen, wo sie nur können. Es gibt keine bessere Person, der du ein Geheimnis anvertrauen kannst. Das heißt, es ist in Ordnung, wenn es *deine eigenen* Geheimnisse sind, die du deinen Eltern erzählst. Vergiß nicht, ihnen zu sagen, daß es sich um ein Geheimnis handelt und du nicht willst, daß sie es irgend jemandem weitererzählen – dann wissen sie, daß sie es für sich behalten sollen. Manche Kinder haben Geheimnisse vor ihren Eltern. Aber Gott möchte das nicht. Wie sollen deine Eltern dir helfen, dir Dinge beibringen und für dich sorgen können, wenn du ihnen nicht vertraust und nicht mit ihnen sprichst? Wenn jemand zu dir sagt, daß du deinen Eltern etwas nicht sagen darfst, dann sag dieser Person, sie soll es dir ebenfalls nicht erzählen.

SCHLÜSSELVERS: *Wer jedes Gerücht weiterträgt, plaudert auch Geheimnisse aus. Darum meide Leute, die zuviel reden! (Spr 20,19)*

ZUSÄTZLICHE BIBELSTELLEN: *Spr 11,13; Spr 25,9-10*

WEITERE FRAGEN: *Gibt es Dinge, die ich meinen Eltern nicht erzählen sollte?*

ANMERKUNG FÜR DIE ELTERN: *Kinder brauchen jemanden, mit dem sie ihre Ängste, Träume und Geheimnisse teilen können. Ihre Kinder sollten jederzeit die Zuversicht haben, daß sie Ihnen alles sagen können, was sie beschäftigt. Schützen Sie diese Informationen sorgsam und liebevoll. Verwenden Sie sie nicht gegen die Kinder; setzen Sie das, was Ihnen anvertraut wird, nicht herab; und verletzen Sie das Vertrauen Ihrer Kinder nicht. Nützen Sie solche Gelegenheiten, um Ihr Kind dafür zu loben, daß es ehrlich ist und Ihnen vertraut.*

F: DARF ICH MEINEN BRUDER ZURÜCKSCHLAGEN, WENN ER MICH ZUERST GESCHLAGEN HAT?

A: Nein, denn dann würdest du dich rächen. In der Bibel sagt Gott, daß die Rache oder die Vergeltung ihm gehört. Gott hat die Aufgabe, Streitigkeiten zu schlichten, auf menschliche Autoritätspersonen übertragen: dazu gibt es die Polizei, Lehrer und (für Streitigkeiten zwischen Geschwistern) unsere Eltern. Es ist nicht richtig, wenn wir zurückschlagen.

Gott möchte auch, daß wir lieben und nicht hassen. Wenn wir sagen, daß wir Gott lieben, und wir hassen andere Menschen, lieben wir Gott nicht wirklich. Wenn wir nämlich jemand aus unserer eigenen Familie, den wir sehen können, nicht lieben können, können wir Gott, den wir ja nicht sehen können, erst recht nicht lieb haben. Aus diesem Grund hat Jesus zu uns gesagt, daß wir freundlich sein und voller Liebe reagieren sollen – sogar wenn jemand uns schlägt.

Wenn also dein Bruder (oder deine Schwester) dich schlägt, dann sei trotzdem nett zu ihm (oder ihr). Wenn er oder sie dann immer noch gemein zu dir ist, sag es deinen Eltern und überlaß es ihnen, sich darum zu kümmern. Gott möchte, daß du lernst, mit anderen Menschen gut auszukommen. Manchmal kann das bei unseren Familienangehörigen sehr schwierig sein. Aber wenn du lernst, deine Geschwister zu lieben und nett zu ihnen zu sein, wirst du vermutlich mit fast allen anderen Menschen ebenfalls gut auskommen können.

SCHLÜSSELVERS: *Wenn euch jemand Unrecht tut, dann zahlt es ihm nicht mit gleicher Münze heim. Nehmt euch vor, allen Menschen Gutes zu erweisen. (Röm 12,17)*

ZUSÄTZLICHE BIBELSTELLEN: *Mt 5,9; Röm 12,14; Röm 13, 1-7; 1. Joh 2,9-11; 1. Joh 3,11-15*

ANMERKUNG FÜR DIE ELTERN: *Eine der Herausforderungen für Sie als Eltern besteht darin, daß Sie Ihren Kindern beibringen sollten, ihre Differenzen durch ein Gespräch anstatt durch Streit zu klären. Sie können eine Frage wie diese dazu verwenden, um hervorzuheben, wie wichtig es ist, ein Friedensstifter zu sein. Erlauben Sie Ihren Kindern nicht, sich zu schlagen, sonst werden sie lernen, ihre Probleme auf diese Art zu lösen. Ermutigen Sie sie statt dessen, miteinander über ihre Streitigkeiten zu reden.*

A: Gott möchte, daß wir freundlich und rücksichtsvoll sind, daß wir Achtung voreinander haben und nicht boshaft sind. Manchmal macht es uns Spaß, jemanden zu necken oder aufzuziehen. Aber wir sollten damit aufhören, wenn der andere uns darum bittet. Wir dürfen nicht gemein sein.

Es kann auch passieren, daß wir jemanden aus Versehen ärgern. Das heißt, wir tun vielleicht irgend etwas, das jemand anders stört oder wütend macht, ohne es zu wissen. Sobald wir es bemerken, sollten wir damit aufhören. Das wäre freundlich und rücksichtsvoll.

Es geschieht sehr leicht, daß Geschwister sich gegenseitig auf die Nerven gehen. Der Grund dafür ist, daß sie so viel Zeit miteinander verbringen. Innerhalb einer Familie hat das, was ein einzelner tut, immer auch Auswirkungen auf die anderen Familienmitglieder. Wir sollten uns große Mühe geben, damit unsere Familie ein Ort der Liebe und der Freundlichkeit wird.

SCHLÜSSELVERS: *Wir wollen nicht nach vergänglicher Ehre streben, uns nicht voreinander aufspielen und gegenseitig beneiden. (Gal 5,26)*

ZUSÄTZLICHE BIBELSTELLEN: *1. Mose 21,9-11; Röm 12,9-10; Gal 6,10; 1. Joh 2,9-11*

WEITERE FRAGEN: *Ist es falsch, wenn man sich mit seinem Bruder streitet?*
Warum ist Streiten falsch?

ANMERKUNG FÜR DIE ELTERN: *Wenn Ihre Kinder sich gegenseitig ärgern, achten Sie darauf, beiden Parteien das richtige Verhalten beizubringen. Derjenige, der den anderen geärgert hat, sollte damit aufhören und um Entschuldigung bitten. Aber die Person, die geärgert wurde, sollte ebenfalls versuchen, mehr Geduld aufzubringen.*

F: MUSS ICH WIRKLICH GEMÜSE ESSEN, ODER WOLLEN MEINE ELTERN NUR, DASS ICH MEINEN TELLER LEER ESSE?

Gott hat gesagt, daß Kinder ihren Eltern gehorchen müssen. Das heißt also, auch wenn du manche Dinge nicht so sehr magst, mußt du sie trotzdem essen, wenn deine Eltern es zu dir sagen. Viele Eltern bringen Gemüse auf den Tisch und sagen zu ihren Kindern, daß sie es essen sollen, weil Gemüse unserem Körper hilft, stark zu werden. In der Bibel steht, daß wir auf unseren Körper gut achtgeben sollen, weil Gott in unserem Körper wohnt und weil er uns gebrauchen will. Wir sollen alles tun, was wir können, um gesund zu bleiben. Daher müssen wir Dinge essen, die gut für uns sind – auch Gemüse.

SCHLÜSSELVERSE: *Wißt ihr denn nicht, daß euer Körper der Tempel des heiligen Geistes ist? Gott hat euch seinen Geist gegeben, der jetzt in euch wohnt. Darum gehört ihr nicht mehr euch selbst. Gott hat euch als sein Eigentum erworben. Macht ihm also Ehre durch die Art, wie ihr mit eurem Körper umgeht! (1. Kor 6,19-20)*

ZUSÄTZLICHE BIBELSTELLEN: *Eph 6,1-3*

WEITERE FRAGEN: *Ist es in Ordnung, wenn man sein Pausenbrot wegwirft und sich statt dessen etwas im Laden kauft?*

ANMERKUNG FÜR DIE ELTERN: *Stellen Sie gute und gesunde Essensregeln auf, und seien Sie konsequent in der Durchsetzung. Das wird Frieden bringen und Diskussionen auf ein Minimum reduzieren, weil Ihr Kind weiß, wo die Grenzen sind. Achten Sie jedoch darauf, die Essensvorschriften nicht zu übertreiben, denn Essen sollte immer noch eine schöne und angenehme Erfahrung sein.*

FREUNDE

UND

FEINDE

KANN MAN MEHR ALS EINEN BESTEN FREUND HABEN?

A: Gott möchte, daß wir zu *allen* Menschen liebevoll und freundlich sind. Wenn du dich so verhältst, wirst du wahrscheinlich viele Kinder in deiner Bekanntschaft haben, die dich mögen und die gerne dein Freund sein wollen. Freunde sind eine tolle Sache, und es macht Spaß, viele Freunde zu haben. Du kannst viele gute Freunde haben, aber du brauchst sie nicht miteinander zu vergleichen und dir überlegen, wer dein *bester* Freund ist. Vielleicht hast du ein oder zwei Freunde, die dir näherstehen als alle anderen. Aber sag lieber nicht, daß eine Person dein *allerbester* Freund ist. Das finden deine anderen Freunde vielleicht nicht nett. Sag nicht, daß jemand dein bester Freund ist, nur um dadurch einen anderen Freund zu ärgern oder eifersüchtig zu machen oder um eine andere Person dadurch auszuschließen. Du kannst ein Lieblingsessen haben, aber du mußt nicht unbedingt einen *besten* Freund haben. Du kannst selbst für viele Menschen der allerbeste Freund sein, den sie sich wünschen können.

SCHLÜSSELVERS: *Solange wir also noch Zeit haben, wollen wir allen Menschen Liebe erweisen, besonders denen, die mit uns durch den Glauben verbunden sind. (Gal 6,10)*

ZUSÄTZLICHE BIBELSTELLEN: *Spr 17,17*

WEITERE FRAGEN: *Was ist, wenn jemand mein bester Freund sein will, aber ich will nicht sein bester Freund sein?*

ANMERKUNG FÜR DIE ELTERN: *Ermutigen Sie Ihre Kinder dazu, treue Freunde zu sein und die Gefühle und Vorlieben anderer Menschen zu achten. Warnen Sie Ihre Kinder davor, einen Freund als »besten Freund« zu bezeichnen, falls Ihre Kinder noch andere Freunde haben, die sich herabgesetzt fühlen könnten, weil sie selbst nicht diesen Titel erhalten. Spornen Sie Ihre Kinder dazu an, ihre Aufmerksamkeit eher darauf zu richten, selbst ein guter Freund zu sein, als einen »allerbesten« Freund zu haben. In der Bibel steht viel darüber, daß wir andere Menschen lieben sollen; und alle diese Dinge beziehen sich ebenfalls auf Freundschaft.*

F: WIE KANN ICH MEINE FEINDE LIEBEN?

A: Indem du nett zu ihnen bist, ihnen Gutes wünschst und für sie betest. Unsere Feinde zu lieben, bedeutet auch, ihnen zu vergeben und sie nicht zu verurteilen. Es bedeutet, daß wir uns nicht an ihnen rächen und nicht versuchen sollen, ihnen wehzutun, sondern daß wir sie wie einen Freund behandeln sollen. Wenn du nun denkst, daß das sehr schwer ist, hast du ganz recht! Feinde sind Menschen, die uns nicht mögen und die darauf aus sind, uns zu verletzen. Sie rempeln uns vielleicht an, schlagen uns, beschimpfen uns und versuchen, uns in Schwierigkeiten zu bringen. Wir brauchen es nicht gutzuheißen, was sie uns antun. Aber mit der Hilfe von Gottes Heiligem Geist können wir sie trotzdem lieben. Schließlich ist das genau das, was Gott für uns getan hat. Gott kann alles tun – sogar Menschen verändern. Wer weiß – unsere heutigen Feinde stellen sich vielleicht eines Tages als unsere zukünftigen Freunde heraus.

SCHLÜSSELVERSE: *Nein, eure Feinde sollt ihr lieben! Tut Gutes und leiht, ohne etwas zurückzuerwarten! Dann bekommt ihr reichen Lohn: ihr werdet zu Kindern des Höchsten. Denn auch er ist gut zu den undankbaren und schlechten Menschen. Werdet barmherzig, so wie euer Vater barmherzig ist! Richtet niemand, dann wird Gott auch euch nicht richten. Verurteilt niemand, dann wird Gott auch euch nicht verurteilen. Verzeiht, dann wird Gott euch verzeihen. (Lk 6,35-37)*

ZUSÄTZLICHE BIBELSTELLEN: *Röm 12,17-21*

WEITERE FRAGEN: *Wie soll ich die bösen Jungs in der Schule behandeln?*

ANMERKUNG FÜR DIE ELTERN: *Durch jeden zwischenmenschlichen Konflikt können wir lernen, andere Menschen zu lieben. Spornen Sie Ihr Kind dazu an, in jeder Auseinandersetzung eine Chance zu sehen, anderen Menschen mit Freundlichkeit und Liebe zu begegnen.*

F: IST ES FALSCH, WENN MAN JEMANDEN NICHT LEIDEN KANN, WEIL ER EIN DOOFI IST?

A: Ja. Zu manchen Menschen sagt man »Doofi« oder »Blödmann«, obwohl es gar keinen richtigen Grund dafür gibt. Anstatt die schlechten Dinge zu glauben, die wir über andere Leute hören, sollten wir das Beste über sie denken und versuchen, sie kennenzulernen.

Sogar wenn wir Menschen begegnen, die sich tatsächlich schlecht benehmen – die böse Dinge sagen und gemein zu uns sind – sollten wir sie nicht hassen oder ebenfalls gemein zu ihnen sein. Gott möchte, daß wir zu allen Menschen liebevoll und freundlich sind. Deshalb sollten wir niemanden verletzen und uns nicht über andere lustig machen.

SCHLÜSSELVERSE: *»Ihr wißt auch, daß es heißt: ´Liebe alle, die dir nahestehen, und hasse alle, die dir als Feinde gegenüberstehen.´ Ich (Jesus) aber sage euch: Liebt eure Feinde und betet für die, die euch verfolgen.« (Mt 5,43-44)*

ZUSÄTZLICHE BIBELSTELLEN: *Mt 5,21-22; Lk 6,27-35; Röm 12,17-21*

WEITERE FRAGEN: *Darf man über jemanden Witze machen, der aus einem anderen Land kommt?*
Warum fühlen die Leute sich verletzt, wenn ich über sie lache?

ANMERKUNG FÜR DIE ELTERN: *Hier geht es auch um Vorurteile. Sie sollten Ihr Kind lehren, alle Menschen zu achten, unabhängig von ihrer Rasse, Nationalität, Religion oder sozialen Stellung. Gott hat die vielfältigen Unterschiede zwischen den Menschen geschaffen, und es gibt für uns keinen Grund, weshalb wir manche Leute als gut und andere als schlecht einstufen sollten. Gehen Sie selbst als gutes Beispiel voran: Vermeiden Sie negative oder verallgemeinernde Aussagen über gesellschaftliche Klassen oder Gruppen.*

F: IST ES IN ORDNUNG, WENN MAN AN SCHULTAGEN ABENDS LANGE AUFBLEIBT, WENN FREUNDE ES AUCH TUN?

A: Was deine Freunde tun oder nicht tun, legt nicht fest, was falsch und richtig ist. Jede Familie hat ihre eigenen Regeln. Es ist wichtig, daß *du deinen Eltern* gehorchst. Wenn also deine Eltern zu dir sagen, daß du zu einer bestimmten Zeit ins Bett gehen mußt, dann tu es – ganz egal, was deine Freunde tun. Gott hat die Verantwortung für dich nicht deinen Freunden übertragen, sondern deinen Eltern.

Deine Eltern haben einen guten Grund dafür, wenn sie nicht wollen, daß du an Schultagen abends lange aufbleibst: Du würdest am nächsten Tag müde sein und könntest in der Schule nicht dein Bestes geben. Deine Mutter und dein Vater wissen das, daher bestehen sie darauf, daß du den nötigen Schlaf bekommst. Sie wissen, wie wichtig es für dich ist, daß du in der Schule gut vorankommst.

Manchmal lassen deine Eltern dich vielleicht lange aufbleiben – wenn du zum Beispiel von einem Freund übers Wochenende eingeladen wirst. Lange aufzubleiben ist dann sicher nicht *falsch*. Aber es ist vielleicht auch nicht das Allerklügste, vor allem, wenn du versuchen würdest, die ganze Nacht lang aufzubleiben. Es ist nicht gut für dich. Benutze deinen Verstand und sorge dafür, daß du genügend Schlaf bekommst.

SCHLÜSSELVERS: *Paßt euch nicht den Maßstäben dieser Welt an. Laßt euch vielmehr im Innersten von Gott umwandeln. Laßt euch eine neue Gesinnung schenken. Dann könnt ihr erkennen, was Gott von euch will. Ihr wißt dann, was gut und vollkommen ist und was Gott gefällt. (Röm 12,2)*

ZUSÄTZLICHE BIBELSTELLEN: *2. Mose 20,12; Kol 3,20*

WEITERE FRAGEN: *Ist es in Ordnung, wenn ich das auch mache, was meine Freunde machen?*

ANMERKUNG FÜR DIE ELTERN: *Wenn Ihr Kind damit anfängt, die Ausrede zu benutzen: »Aber alle meine Freunde tun das auch«, erinnern Sie es daran, weshalb wir immer das Richtige tun sollten und welche Belohnung es mit sich bringen wird. Ermutigen Sie Ihr Kind, ein gutes Vorbild zu sein und nicht alles nachzuahmen, was andere tun.*

WAS IST SO SCHLIMM DARAN, WENN MAN MODISCHE KLEIDUNG TRAGEN WILL?

Es ist völlig in Ordnung, hübsche und moderne Kleidung zu tragen. Wir sollten auf unser Äußeres achten und so gut aussehen wie möglich. Aber wir sollten nicht glauben, daß moderne Kleidung uns glücklich machen oder uns neue Freunde verschaffen wird. Wir sollten daran denken, daß jemand, der schöne Kleider trägt, nicht automatisch ein netter Mensch ist. Das Innere der Person ist das, was wirklich zählt.

Die Leute, die neue Kleidungsstücke entwerfen und herstellen, versuchen, damit viel Geld zu verdienen. Deshalb senden sie im Radio und im Fernsehen Werbespots, die die Leute dazu bringen, ihre Kleidung zu kaufen. Die Modeschöpfer und Hersteller verändern die Mode jedes Jahr und sagen, daß alle Leute die allerneuste Mode tragen sollten. Oft ist die modernste Kleidung auch die teuerste.

Rede mit deinen Eltern, so daß du das kaufen kannst, was ihr euch leisten könnt. Gott möchte, daß wir mit den Dingen, die wir haben, zufrieden sind. Denk also nicht, du hättest nichts anzuziehen, nur weil deine Kleidung vielleicht nicht der allerneusten Mode entspricht. Gott möchte, daß wir *ihn* in unserem Leben an die erste Stelle setzen. Deshalb solltest du Kleidung und andere Dinge nicht wichtiger nehmen als Gott.

SCHLÜSSELVERSE: *Macht euch also keine Sorgen! Fragt nicht: ´Was sollen wir essen?´ ´Was sollen wir trinken?´ ´Was sollen wir anziehen?´ Damit plagen sich Menschen, die Gott nicht kennen. Euer Vater im Himmel weiß, daß ihr all das braucht. Sorgt euch zuerst darum, daß ihr euch seiner Herrschaft unterstellt und tut, was er verlangt, dann wird er euch schon mit all dem anderen versorgen. (Mt 6,31-33)*

ZUSÄTZLICHE BIBELSTELLEN: *Phil 4,11-12; 1. Tim 6,8; Hebr 13,5*

WEITERE FRAGEN: *Ist man eingebildet, wenn man eine perfekte Frisur haben möchte oder moderne Kleider tragen will?*

F: WENN ICH ALLE MENSCHEN LIEBEN SOLL, WARUM SOLL ICH MICH DANN VON MANCHEN KINDERN FERNHALTEN?

A: Gott möchte, daß wir zu allen Menschen liebevoll und freundlich sind. Aber das bedeutet nicht, daß wir mit allen Menschen enge Freundschaft schließen sollen. Manche Menschen können einen schlechten Einfluß auf uns haben. Wenn wir zu viel Zeit mit ihnen verbringen, stellen wir irgendwann fest, daß wir Dinge tun, die wir nicht tun sollten, und daß wir in Schwierigkeiten geraten.

Es ist gut, wenn wir auf andere Leute einen guten Einfluß ausüben wollen. Deshalb kannst du versuchen, zu den Kindern nett zu sein, die die anderen Kinder nicht leiden können. Wenn diese Kinder dann aber *dich* beeinflussen, mußt du dich von ihnen zurückziehen. Überlege dir, wo du mit ihnen spielst und was du tust. Versuche, sie zu dir nach Hause zum Spielen mitzubringen oder sie in deine Kirche oder Gemeinde einzuladen. Deine engsten Freunde sollten Menschen sein, die dir dabei helfen, deinen Charakter zu verbessern – Menschen, die dieselbe Einstellung haben wie du und die Gott dienen wollen. Versuche, mit solchen Kindern gut befreundet zu sein, die Gott liebhaben und die Gott dienen wollen.

Rede mit deinen Eltern über dieses Problem. Wenn sie zu dir sagen, daß du dich von bestimmten Kindern fernhalten sollst, dann tu, was sie dir sagen. Indem sie dir helfen, gute Freunde auszusuchen, können Eltern eine große Hilfe für dich sein.

SCHLÜSSELVERS: *Wer sich zu Klugen gesellt, wird klug; wer sich mit Dummköpfen befreundet, ist am Ende selber der Dumme. (Spr 13,20)*

ZUSÄTZLICHE BIBELSTELLEN: *Spr 27,17; Joh 17,15-17; 1. Kor 5,9-11*

WEITERE FRAGEN: *Wenn Christen andere Menschen lieben sollen, warum ist es dann falsch, schlechte Freunde zu haben?*

ANMERKUNG FÜR DIE ELTERN: *Freunde können großen Einfluß auf Ihre Kinder haben. Es ist wichtig, daß Sie die Freundschaften Ihres Kindes im Auge behalten und Ihre Zustimmung zum Ausdruck bringen, wenn Ihr Kind positive Freundschaften geschlossen hat.*

F: IST ES FALSCH, WENN ICH AUFHÖRE, MEINEN FREUNDEN VON JESUS ZU ERZÄHLEN, WENN SIE SOWIESO NICHT ZUHÖREN?

A: Es ist gut, daß du deinen Freunden von Jesus erzählen willst, aber es ist ebenfalls gut, sie als Menschen zu respektieren. Manchmal haben deine Freunde anscheinend kein Interesse. Manchmal sagen sie vielleicht zu dir, daß sie nicht mehr darüber reden wollen. Wenn das geschieht, mußt du ihre Wünsche respektieren und aufhören, viel darüber zu reden. Das heißt nicht, daß deine Freunde von dir nichts über Jesus erfahren werden. Du kannst immer davon sprechen, was Gott in deinem Leben tut. Am allerwichtigsten ist: du kannst wie ein Christ leben. Deine Freunde werden merken, daß du liebevoll und freundlich bist und daß du keine bösen Dinge tust. Sie werden Jesus in dir sehen können.

SCHLÜSSELVERSE: *»Ihr seid das Licht für die Welt. Eine Stadt, die auf einem Berg liegt, kann nicht verborgen bleiben. Auch brennt keiner eine Lampe an, um sie dann unter eine Schüssel zu stellen. Im Gegenteil, man stellt sie auf einen erhöhten Platz, damit sie allen im Haus leuchtet. Genauso muß auch euer Licht vor den Menschen leuchten: sie sollen eure guten Taten sehen und euren Vater im Himmel preisen.« (Mt 5,14-16)*

ZUSÄTZLICHE BIBELSTELLEN: *Koh 3,1.7*

WEITERE FRAGEN: *Warum schämen manche Kinder sich, weil sie an Jesus glauben?*

ANMERKUNG FÜR DIE ELTERN: *Bringen Sie Ihren Kindern bei, auf welche Weise sie über ihren Glauben reden können, aber setzen Sie sie nicht unter Druck, Zeugnis ablegen zu müssen. Gott möchte, daß wir unseren Glauben in die Tat umsetzen und daß wir anderen Menschen unsere Erfahrungen wie auch die Tatsachen weitergeben. Sie können mit Ihren Kindern zusammen für Gelegenheiten beten, um Menschen von Jesus zu erzählen.*

F: WENN EINIGE MEINER FREUNDE ETWAS TUN, WOVON ICH DENKE, DASS ES SCHLECHT IST, SOLL ICH ES DANN MEINEN ELTERN SAGEN?

A: Ja. Es ist gut, wenn du mit deinen Eltern über das reden kannst, was in deiner Umgebung passiert, vor allem über die Dinge, die dich sehr beschäftigen. Es ist auch gut, sie um Rat zu fragen, was du in bestimmten Situationen tun sollst. Wenn andere Kinder etwas tun, was ihnen oder anderen Personen schaden wird, solltest du es unbedingt deinen Eltern sagen. Sie werden wissen, wie sie in dieser Situation helfen können.

Aber vergiß auch nicht, daß du selbst mit deinen Freunden über das reden kannst, was sie tun. Wenn du mit deinen Eltern sprichst, kannst du ihnen sagen, was deine Freunde machen. Anschließend erklärst du ihnen, was du selbst tun wirst. Erwarte nicht von deinen Eltern, daß sie jedesmal einspringen und dir zu Hilfe kommen.

Erzähle nicht nur die schlechten Dinge, die andere Kinder tun. Erzähle deiner Mutter und deinem Vater auch von den guten Dingen, die deine Freunde machen.

SCHLÜSSELVERS: *Beteiligt euch nicht an dem finsteren Treiben, das nur verdorbene Frucht hervorbringt. Im Gegenteil, deckt es auf! (Eph 5,11)*

ZUSÄTZLICHE BIBELSTELLEN: *Spr 10,17-18; 1. Tim 5,20*

WEITERE FRAGEN: *Wenn jemand über meinen Bruder herzieht, ist es dann in Ordnung, wenn ich ihn verteidige?*
Wann darf man etwas über andere Kinder weitererzählen?

ANMERKUNG FÜR DIE ELTERN: *Schätzen Sie Ehrlichkeit. Bleiben Sie gelassen, wenn Kinder Ihnen etwas erzählen, das Sie überrascht. (Andernfalls schrecken Ihre Kinder womöglich in Zukunft davor zurück, Ihnen wieder etwas zu sagen.)*

F: IST ES IN ORDNUNG, WENN MAN SICH FÜR BESSER ALS ANDERE HÄLT, WENN MAN WIRKLICH BESSER IST?

A: Gib acht, daß du nicht den Fehler machst und dich für besser als andere Menschen hältst. Sei realistisch in bezug auf dich selbst, und sei bescheiden. Denk daran, daß alle unsere Fähigkeiten und Talente Gaben Gottes sind. Jeder von uns, auch wenn er in einer Sache gut ist, ist ganz und gar abhängig von Gott. Denk daran, daß deine Beziehung zu Gott am allerwichtigsten ist. Es ist nichts Falsches daran, wenn du dich darüber freust, daß du eine bestimmte Sache gut gemacht hast – falls du zum Beispiel ein Solo gesungen, beim Fußball Tore geschossen, gute Noten bekommen hast oder ehrlich gewesen bist. Es ist in Ordnung, wenn du mit dir zufrieden bist und Selbstvertrauen hast in dem, was du tust. Du mußt nicht so tun, als wärst du nicht gut, oder dich dafür entschuldigen, daß du gut bist. Aber vergleiche dich nicht mit anderen oder halte dich für besser als sie. Wenn jemand dir ein Kompliment macht, bedanke dich dafür. Denk einfach daran, daß du zwar womöglich ein besserer Fußballspieler bist, aber daß dich das nicht zu einem besseren Menschen macht.

SCHLÜSSELVERSE: *Weil Gott mich in seiner Gnade zum Apostel berufen hat, wende ich mich an jeden einzelnen von euch. Keiner soll höher von sich denken, als es angemessen ist. Bleibt bescheiden und sucht das rechte Maß! Gott hat jedem seinen Anteil an den Gaben zugeteilt, die der Glaube schenkt. Daran hat jeder einen Maßstab, wie er von sich denken soll. Denkt an den menschlichen Körper: Er hat viele verschiedene Teile, und jeder Teil hat seine besondere Aufgabe; aber der Körper bleibt deshalb doch einer. (Röm 12,3-4)*

ZUSÄTZLICHE BIBELSTELLEN: *Lk 18,9-14; Jak 4,6.10*

WEITERE FRAGEN: *Was bedeutet demütig sein?*

ANMERKUNG FÜR DIE ELTERN: *Demut ist ein grundlegender Faktor für die Entwicklung eines gesunden Selbstbewußtseins. Wenn Ihr Kind deprimiert ist, vermitteln Sie ihm oder ihr Anerkennung. Wenn Ihr Kind unangemessenen Stolz empfindet, erinnern Sie ihn oder sie daran, daß jeder gesündigt und die Herrlichkeit Gottes verscherzt hat (Röm 3,23).*

FAIR SEIN

ODER

MOGELN?

IST ES IN ORDNUNG, WENN MAN SAGT, MAN HAT JEMANDEN BEIM FANGEN-SPIELEN BERÜHRT, OBWOHL ES GAR NICHT STIMMT?

A: Wenn du sagen würdest, du hättest jemanden beim Fangenspielen berührt, obwohl es gar nicht stimmt, wäre das eine Lüge. Gott sagt, daß Lügen falsch ist. Wenn man mogelt oder betrügt, ist es immer eine Lüge, und es ist grundsätzlich falsch, auch wenn es nur in einem Spiel wie beim Fangenspielen ist. Die Regeln sind dazu da, damit ein Spiel Spaß macht. Wenn es keine Regeln geben würde, würde niemand wissen, wie man spielen muß, und keiner würde wissen, wer gewonnen oder verloren hat. Stell dir doch vor, wie dumm es wäre, wenn beim Fangenspielen die Spieler sich andauernd fangen würden. Es würde keinen Spaß mehr machen, und es wäre auch kein richtiges Fangenspielen mehr. In einem guten Spiel befolgen alle Mitspieler die Regeln. Wenn man die Regeln bricht, zerstört es das ganze Spiel. Diese Sache ist wichtiger, als die meisten Menschen sich klarmachen. In der Bibel steht, daß wenn wir aufrichtig und ehrlich in »kleinen Dingen« sind, wir auch aufrichtig und ehrlich in wichtigen Dingen sein werden. Wenn du in diesen einfachen Spielen betrügst, wird das Betrügen womöglich zu einer Gewohnheit in deinem ganzen Leben. Sei ehrlich in allem, was du tust, sogar wenn du Fangen spielst.

SCHLÜSSELVERS: *Jesus fuhr fort: »Wer in kleinen Dingen zuverlässig ist, wird es auch in großen sein, und wer in kleinen unzuverlässig ist, ist es auch in großen.« (Lk 16,10)*

ZUSÄTZLICHE BIBELSTELLEN: *3. Mose 19,35-36; 1. Sam 8,1-3; Spr 11,1; Spr 20,23; Mt 25,14-30; 1. Tim 3,8; Tit 1,7*

WEITERE FRAGEN: *Ist es richtig, wenn ich irgendwo betrüge?*

ANMERKUNG FÜR DIE ELTERN: *Spornen Sie Ihre Kinder an, die kleinste Gelegenheit wahrzunehmen, um ehrlich und fair zu sein. Dadurch wird es ihnen leichter fallen, ehrlich zu sein, wenn sie in schwierigere Situationen kommen. Anderen Menschen wird es außerdem leichter fallen, Ihren Kindern auch in anderen Angelegenheiten zu vertrauen.*

F: IST ES IN ORDNUNG, WENN MAN BEI EINEM SPIEL MOGELT, WENN DAS SPIEL MOGELN HEISST UND MAN DABEI MOGELN MUSS?

A: Es ist wirklich schade, daß dieses Spiel Mogeln heißt, denn dadurch entsteht die Vorstellung, daß Mogeln in Ordnung wäre. Mogeln ist falsch, denn wer mogelt, lügt. Wenn du ein Spiel spielst – ganz egal, wie es heißt –, solltest du dich immer an die Regeln für dieses Spiel halten. Es gibt ein Spiel, in dem manche Spieler sich eine Geschichte über sich selbst ausdenken müssen. Dann müssen die anderen Spieler herausfinden, welche Geschichten wahr sind und welche nicht. Das sind dann keine Lügen, denn es handelt sich ja um ein Spiel, und jeder weiß, daß diese Geschichten erfunden sind. Auch in so einem Spiel solltest du dich an die Spielregeln halten. Es gibt Spiele mit sehr lustigen Regeln, und sie machen großen Spaß. Du und deine Freunde könntet euch zum Beispiel neue Regeln für ein Fußballspiel im Schnee ausdenken. Solange jeder die Regeln versteht und sie befolgt, könnt ihr viel Spaß dabei haben. Es wird ganz anders sein als ein normales Fußballspiel; aber das ist in Ordnung, weil jeder sich an die neuen Regeln hält.

Du mußt nicht bei jedem Spiel mitspielen. Manche Spiele sind schlecht und können Schaden anrichten. Bei manchen Spielen wirst du vielleicht sogar dazu aufgefordert, etwas Falsches zu tun oder etwas, wovon du weißt, daß deine Eltern nicht damit einverstanden wären. Das heißt also, halte dich bei jedem Spiel an die entsprechenden Spielregeln – nur dann nicht, wenn diese Spielregeln Gottes Regeln brechen!

SCHLÜSSELVERS: *Der Herr verabscheut jeden, der seinen Mitmenschen betrügt. (5. Mose 25,16)*

ZUSÄTZLICHE BIBELSTELLEN: *Spr 11,1; Hos 12,1*

ANMERKUNG FÜR DIE ELTERN: *Ein Tip für die Praxis: Überzeugen Sie sich davon, daß vor Beginn eines Spiels jeder Mitspieler die Regeln richtig verstanden hat. Auf diese Weise können Sie Auseinandersetzungen über Mogeleien zuvorkommen.*

F: WARUM IST ES FALSCH, WENN MAN BEI EINEM DIKTAT VON JEMANDEM ABSCHREIBT?

A: Wenn du bei einer Klassenarbeit von einer anderen Person abschreibst oder wenn du deine Hausaufgaben nicht selbst machst, sondern sie von jemandem abschreibst, bist du nicht ehrlich. Gott befiehlt uns, ehrlich zu sein, weil er selbst die Wahrheit ist. Immer, wenn unser Verhalten nicht mit Gottes Wesen übereinstimmt, sind wir im Unrecht. Wenn du bei einer Klassenarbeit die Antworten liest, die dein Nachbar aufgeschrieben hat, und sie dann als deine eigenen Antworten hinschreibst, sagst du damit deinem Lehrer, daß du die richtige Antwort gewußt hast – obwohl es gar nicht so ist. Das ist Betrug, und es ist eine Lüge. Wenn du die Hausaufgaben eines Freundes abschreibst und sie dann als deine eigene Hausaufgabe abgibst, sagst du damit deinem Lehrer, daß du diese Arbeit selbst gemacht hast, obwohl es nicht stimmt. Das ist Betrug – und Lüge.

Denk daran: Jedesmal, wenn du lügst oder betrügst, schadest du dir letzten Endes selbst. Du schadest dir deshalb selbst, weil du die Dinge nicht lernst, die du lernen solltest; und eines Tages wirst du es bedauern.

SCHLÜSSELVERS: *Hört also auf zu lügen und betrügt einander nicht; denn wir alle sind Glieder am Leib Christi. (Eph 4,25)*

ZUSÄTZLICHE BIBELSTELLEN: *2. Mose 20,16; 3. Mose 19,35-36; 1. Sam 8,1-3; Spr 11,1; Spr 20,23; Mt 25,14-30; Lk 16,10; 1 Tim 3,8; Tit 1,7*

ANMERKUNG FÜR DIE ELTERN: *Wenn eine Frage wie diese auftaucht, können Sie Ihr Kind an die Gründe erinnern, weshalb es zur Schule geht. Machen Sie Ihrem Kind klar, auf welche Weise das Betrügen bei einer Klassenarbeit diesem Zweck entgegensteuert.*

F: WAS IST SO SCHLIMM DARAN, WENN MAN BEIM SPORT EIN BISSCHEN MOGELT?

A: Beim Sport zu mogeln ist schlecht, weil man andere dadurch täuscht und das Spiel ruiniert. Manchmal sieht es im Fernsehen oder sogar in der Schule so aus, als ob ein Spiel zu gewinnen das Wichtigste auf der Welt wäre. Wir vergessen dabei, daß es nur ein Spiel ist. Das Gewinnen wird uns zu wichtig. Aber nichts ist so wichtig, daß wir mogeln oder betrügen sollten, um es zu bekommen. Gott will, daß wir ehrlich, aufrichtig und fair sind in *allem*, was wir tun.

Das ist auch der Grund dafür, weshalb wir rücksichtsvoll spielen sollten. Manche Leute denken, daß sie ohne Rücksicht auf andere Mitspieler spielen und sie womöglich verletzen dürfen, solange sie die Spielregeln nicht brechen. Aber Christen sollten andere Menschen respektieren *und* die Spielregeln beachten. Denk immer daran: Der beste Grund, weshalb wir Sport betreiben sollten, ist daß wir unsere Fähigkeiten und unsere Kondition verbessern und gleichzeitig etwas über Teamarbeit lernen wollen. Natürlich lernen wir dabei auch, wie man gewinnt *und* verliert. Wenn wir irgendeinen Sport betreiben, sollten wir unser Bestes geben; wir sollten rücksichtsvoll und fair spielen und das Spiel genießen. Das ist viel wichtiger, als zu gewinnen oder zu verlieren.

SCHLÜSSELVERS: *Jesus fuhr fort: »Wer in kleinen Dingen zuverlässig ist, wird es auch in großen sein, und wer in kleinen unzuverlässig ist, ist es auch in großen.« (Lk 16,10)*

ZUSÄTZLICHE BIBELSTELLEN: *3. Mose 19,35-36; 1. Sam 8,1-3; Spr 11,1; Mt 25,14-30; Eph 4,25; 1. Tim 3,8; Tit 1,7*

ANMERKUNG FÜR DIE ELTERN: *Manche Eltern legen übergroßen Wert darauf, daß ihre Kinder beim Sport erfolgreich sind. Verlieren Sie nicht die richtige Perspektive. Wenn Sie Ihren Kindern zu großen Druck auferlegen, spornen Sie sie dadurch vielleicht unwissentlich zum Betrug an. Ihre Kinder glauben dann womöglich, daß Ihnen das Gewinnen mehr bedeutet als ein ehrliches Spiel.*

F: IST ES BETRUG, WENN MAN DIE ANDERE MANNSCHAFT GEWINNEN LÄSST, WENN SIE NICHT SO GUT GESPIELT HAT?

A: Nein. Man betrügt, wenn man die Regeln bricht, um dadurch einen Vorteil zu bekommen. Du kannst unterschiedlich spielen, ohne die Regeln zu brechen. Es gibt vielleicht Zeiten, in denen du zurückhaltender spielst, um der anderen Person oder der gegnerischen Mannschaft eine Chance zu geben. Wenn du so handelst, tu es offen.

Aber tu es nicht, um dich über die anderen Mitspieler lustig zu machen. Wenn zwei Mannschaften sehr ungleich sind und du weißt, daß die eine Mannschaft die andere haushoch schlagen wird, könntest du die Regeln oder die Teams verändern, damit das Spiel ausgeglichener wird und mehr Spaß macht. Denk daran: Gott achtet darauf, ob wir einander mit Respekt und Liebe behandeln. Gott ist es nicht so wichtig, ob wir gewinnen.

SCHLÜSSELVERSE: *Der Geist Gottes dagegen läßt als Frucht eine Fülle von Gutem wachsen, nämlich Liebe, Freude, Frieden, Geduld, Freundlichkeit, Güte, Treue, Nachsicht und Selbstbeherrschung. Wer so lebt, hat das Gesetz nicht gegen sich. (Gal 5,22-23)*

ZUSÄTZLICHE BIBELSTELLEN: *Lk 6,31*

ANMERKUNG FÜR DIE ELTERN: *Manchmal fragen Eltern sich, ob sie sich im Spiel mit ihren Kindern zurückhalten und ihre Kinder gewinnen lassen sollten. Wenn Kinder ständig verlieren, werden sie entmutigt und hören auf zu spielen. Sie könnten zu Ihrem Kind sagen: »Ich werde mich ein wenig zurückhalten, bis du es richtig gelernt hast.« Wenn Ihr Kind Schwierigkeiten damit hat, daß Sie es gewinnen lassen, versprechen Sie ihm oder ihr, beim nächsten Mal anspruchsvoller zu spielen. Tun Sie es auch. Sie werden beide die Herausforderung genießen und Freude daran haben. Es ist richtig, Kindern eine angemessene Herausforderung zu verschaffen – auf diese Weise lernen und wachsen sie.*

F: WENN ICH GEMOGELT UND GEWONNEN HABE, MUSS ICH ES DANN DEN ANDEREN SAGEN?

A: Du solltest gar nicht erst mogeln. Aber wenn du trotzdem gemogelt hast, solltest du es zugeben und es in Ordnung bringen – ob du dann gewinnst oder verlierst. Wenn dir ein Spiel sehr wichtig ist, spürst du vielleicht die Versuchung, um jeden Preis gewinnen zu wollen. Dann denkst du womöglich darüber nach, daß du jetzt mogeln könntest, um einen Vorteil zu bekommen. Aber denk immer daran, daß Gewinnen nicht das Allerwichtigste ist. Das Allerwichtigste ist, das zu tun, was Gott von uns möchte. Wenn du etwas Falsches getan hast und es dir bewußt wird, ist der beste Weg, es zu bekennen. Sprich zuerst mit Gott über das, was du getan hast. Dann sag es den anderen Mitspielern und bitte sie um Verzeihung. Vielleicht solltest du auch mit deinen Eltern darüber reden.

Auch wenn wir es später zugeben, bedeutet das nicht, daß Mogeln in Ordnung wäre. Du mußt vielleicht sogar etwas zurückgeben oder zurückzahlen, was du dir durch Mogeln angeeignet hast. Denk nicht, du könntest mogeln und später darüber lachen. Gott will, daß du ein ehrlicher Mensch wirst.

SCHLÜSSELVERS: *Überhaupt soll jeder, der krank ist, den Brüdern seine Verfehlungen bekennen, und sie sollen für ihn beten; dann wird er gesund werden. Das Gebet eines Menschen, der so lebt, wie Gott es verlangt, kann viel bewirken. (Jak 5,16)*

ZUSÄTZLICHE BIBELSTELLEN: *Spr 11,1; Spr 20,23; 1. Joh 1,9*

ANMERKUNG FÜR DIE ELTERN: *Für Kinder ist dies sehr schwer. Die typische Antwort würde lauten, daß sie nur einen Scherz gemacht haben. Aber Gott möchte nicht, daß wir seine Gebote auch nur vorübergehend brechen. Helfen Sie Ihrem Kind zu verstehen, daß wenn eine Person betrügt und dabei erwischt wird, niemand glauben wird, daß sie es später den anderen sagen wollte – unabhängig davon, welche unschuldigen Absichten sie dafür angibt.*

A: Man darf bei jeder Sportart die anderen Spieler austricksen, wenn das zum Spiel dazugehört und die Regeln dadurch nicht verletzt werden. Beim Basketball, zum Beispiel, wird ein guter Spieler einen Schuß vortäuschen, um den gegnerischen Spieler, der ihn deckt, auszutricksen. Oder er tut so, als ob er in die eine Richtung rennen will, und rennt dann in die andere. Ein guter Fußballspieler kann einen Paß vortäuschen und dann statt dessen selbst ein Tor schießen. Beim American Football wird ein guter Quarterback so tun, als ob er den Ball an einen Halfback weitergibt. Alle diese Tricks sind wichtige Bestandteile der jeweiligen Sportart – und sie sind innerhalb der Spielregeln. Wichtig ist dabei, daß wir fair und rücksichtsvoll spielen und daß wir uns an die Spielregeln halten. Es wäre zum Beispiel nicht in Ordnung, wenn ein Fußballspieler vortäuschen würde, nach dem Ball zu kicken, und dabei eigentlich einen anderen Spieler verletzen will. Das wäre Betrug.

SCHLÜSSELVERS: *Ich sage also: Wenn ihr eßt oder trinkt oder sonst etwas tut, so tut alles zur Ehre Gottes. (1. Kor 10,31)*

ZUSÄTZLICHE BIBELSTELLEN: *Spr 11,1; Spr 20,23; Kol 3,23-24*

ANMERKUNG FÜR DIE ELTERN: *Es sind zwei verschiedene Dinge, ob man sich an die Spielregeln hält und einen anderen Spieler austrickst, oder ob man die Spielregeln bricht, um dadurch einen unfairen Vorteil zu erlangen. Seien Sie sich im klaren darüber, daß manche Trainer die Spieler dazu anspornen, eine Verletzung vorzutäuschen oder unnötig rauh zu spielen. Das Problem bei diesem Ratschlag ist nicht, daß die andere Mannschaft ausgetrickst wird, sondern daß die Spielregeln gedehnt oder gebrochen werden.*

**WARUM BETRÜGEN MANCHE
LEUTE, NUR UM EIN DUMMES
SPIEL ZU GEWINNEN?**

A: Manche Leute betrügen beim Sport oder bei einem Spiel, weil ihnen das Gewinnen zu viel bedeutet. Sie wollen um jeden Preis gewinnen. Vielleicht mögen sie das Gefühl von Macht und Stärke. Vielleicht gefällt ihnen die Aufmerksamkeit, die der Sieger erhält. Vielleicht denken sie tatsächlich, sie wären bessere Menschen, weil sie gewonnen haben. Sie sehnen sich womöglich nach Anerkennung und glauben, daß die anderen Leute sie nur mögen werden, falls sie gewinnen. Menschen, die betrügen, haben noch nicht verstanden, daß Gott sie lieb hat – ob sie nun gewinnen oder verlieren.

Gott möchte, daß wir uns bei allem, was wir tun, große Mühe geben und es gut machen. Wenn wir in einer Sache nicht besonders gut sind und gerne besser wären, sollten wir mehr üben und uns größere Mühe geben. Wenn wir betrügen, um zu gewinnen, nehmen wir eine Abkürzung. Wir müssen dann immer weiter betrügen, um wieder zu gewinnen.

Du solltest bei jedem Spiel daran denken, fair und rücksichtsvoll zu spielen und dich an die Spielregeln zu halten. Gott möchte, daß du dein Bestes gibst und daß du ehrlich bist. Du solltest sowohl ein guter Sieger als auch ein guter Verlierer sein.

SCHLÜSSELVERSE: *Ihr setzt euch in Widerspruch zur Wahrheit, wenn ihr euch mit eurer angeblichen Weisheit brüstet und dabei neidisch und streitsüchtig seid. Diese Art von Weisheit kommt nicht von oben, sie ist irdisch, sinnlich und teuflisch. Wo Neid und Streit herrschen, gibt es Unordnung und jede Art von Gemeinheit. (Jak 3,14-16)*

ZUSÄTZLICHE BIBELSTELLEN: Spr 11,1; Spr 20,23; 2. Kor 10,17; Phil 2,3; Jak 1,14-15; Jak 4,16

ANMERKUNG FÜR DIE ELTERN: *Loben Sie Kinder, die nicht ständig prahlen, wenn sie gewonnen haben. Sie können Ihr Lob veranschaulichen, indem Sie über einen Lieblingssportler reden, der mehr Wert darauf legt, gute Leistungen zu bringen, als ein Spiel um jeden Preis zu gewinnen. Viele Leute rechtfertigen ihren Betrug, indem sie sagen: »Ich bin nicht der einzige. Andere tun es auch.« Kinder können das ebenfalls sagen. Aber dadurch wird das, was sie tun, nicht richtig.*

WAS SOLL ICH TUN, WENN MICH JEMAND BETRÜGT?

A: Wenn zum Beispiel bei einem Fußballspiel jemand von der anderen Mannschaft einfach weiterspielt, obwohl der Ball bereits außerhalb des Feldes war, solltest du es dem Schiedsrichter überlassen, diese Sache zu klären. Sag nicht zu diesem Spieler, er sei ein Betrüger, und streite nicht mit dem Schiedsrichter. Nimm dich in acht davor zu sagen, daß jemand dich betrogen hat, nur weil du ein Spiel verloren hast. Vielleicht hast du völlig zu Recht verloren.

Wenn bei einem Spiel ohne Schiedsrichter – wie zum Beispiel bei einem Brettspiel – jemand ständig mogelt, kannst du zu dieser Person sagen, daß sie nicht fair spielt. Achte aber darauf, daß du gelassen bleibst. Erkläre dieser Person, daß Mogeln falsch ist und daß das Spiel keinen Spaß mehr macht, wenn Leute mogeln. Wenn diese Person dir nicht zuhört oder weiterhin mogelt, brauchst du nicht mehr weiterzuspielen.

Falls ein Erwachsener dich in einem Laden um Geld betrügt, solltest du es deinen Eltern erzählen und es ihnen überlassen, was sie unternehmen. Manchmal kann dir aber niemand helfen. Dann ist es wahrscheinlich besser, das Unrecht einfach zu akzeptieren und Gott zu vertrauen, daß er es trotzdem zum Guten wendet.

SCHLÜSSELVERS: *Streite dich nicht grundlos mit einem, der dir gar nichts getan hat. (Spr 3,30)*

ZUSÄTZLICHE BIBELSTELLEN: *Ps 35,1-28; Lk 3,14; 1. Kor 6,7*

ANMERKUNG FÜR DIE ELTERN: *Wenn Ihre Kinder sich darüber beklagen, daß jemand betrügt, ermutigen Sie sie, für diese Person zu beten. Bitten Sie Gott, dieser Person zu zeigen, weshalb Betrügen falsch ist und weshalb es nichts nützt.*

WAS DEIN IST, IST AUCH MEIN

(STEHLEN)

WARUM IST ES FALSCH, DINGE ZU STEHLEN?

A: Gott ist aufrichtig und wahrhaftig. Etwas zu nehmen, das dir nicht gehört, widerspricht Gottes Wesen. Aus diesem Grund ist Stehlen falsch. Gott will, daß wir andere Menschen unterstützen und ihnen helfen. Wir sollen darauf vertrauen, daß Gott uns mit allem versorgen wird, was wir brauchen.

Manchmal stehlen Menschen, weil sie etwas so unbedingt haben wollen (wie ein Fahrrad, einen Cassettenrecorder oder Geld), daß sie alles tun, um es zu bekommen. Manche Leute stehlen, weil sie verzweifelt sind. Menschen, die stehlen, zeigen dadurch, daß sie Gott nicht sehr vertrauen. Gott liebt uns und er wird niemals zulassen, daß wir in eine Situation geraten, in der wir etwas stehlen müssen. Er wird uns alles geben, was wir brauchen. Wenn du stiehlst, verletzt du Gott und dich selbst ebenso sehr wie die andere Person, von der du stiehlst. Du beachtest Gottes Fürsorge nicht und kannst sie nicht erleben. Du bekommst einen schlechten Ruf und weckst in anderen Menschen den Wunsch, *dich* zu bestehlen. Du siehst also, Gott hat wirklich unser Bestes im Sinn, wenn er zu uns sagt, daß wir nicht stehlen sollen.

SCHLÜSSELVERS: *Beraube niemand seiner Freiheit und seines Eigentums. (2. Mose 20,15)*

ZUSÄTZLICHE BIBELSTELLEN: *Mt 6,25-34; Eph 4,28; Phil 4,19; Jak 4,2*

F: IST ES IN ORDNUNG, WENN ICH ETWAS ZURÜCKSTEHLE, DAS MIR GESTOHLEN WURDE?

A: Nein. Stehlen ist immer falsch. Du solltest dich sehr davor in acht nehmen, jemanden zu beschuldigen, daß er gestohlen hat. Du *glaubst* womöglich nur, daß jemand dir etwas gestohlen hat, obwohl es gar nicht stimmt. Wenn du ganz sicher bist, daß eine bestimmte Person dich bestohlen hat, frag diese Person höflich nach der betreffenden Sache. Vielleicht hast du unrecht, und diese Person besitzt etwas, das so ähnlich aussieht wie dein Eigentum. Wenn du hingehen und es dir wiederholen würdest, würdest du am Ende etwas nehmen, das dir gar nicht gehört. Dann hättest *du* gestohlen!

Wenn jemand dir tatsächlich etwas weggenommen hat und womöglich sogar dein Name darauf steht, ist es besser, die betreffende Person danach zu fragen, als sie zu beschuldigen, sie habe dich bestohlen. Du könntest zum Beispiel sagen: »Ich sehe, du hast meinen Füller gefunden. Vielen Dank!« Unterstelle anderen Menschen immer die allerbesten Absichten.

Wenn du jemanden dabei ertappst, wie er dich bestiehlt, oder wenn du weißt, daß diese Person viele Kinder bestohlen hat, dann rede zuerst mit demjenigen darüber. Wenn das scheinbar nicht hilft, sprich mit einem Erwachsenen – mit deinen Eltern oder mit einem Lehrer – über das Problem.

SCHLÜSSELVERSE: *Wenn euch jemand Unrecht tut, dann zahlt es ihm nicht mit gleicher Münze heim. Nehmt euch vor, allen Menschen Gutes zu erweisen. Soweit es an euch liegt, tut alles, um mit jedermann in Frieden zu leben. (Röm 12,17-18)*

ZUSÄTZLICHE BIBELSTELLEN: *2. Mose 20,15-16; Spr 3,30; Röm 2,21; 1. Kor 6,7; Eph 4,28*

ANMERKUNG FÜR DIE ELTERN: *Wenn wir so mit Menschen umgehen, die wir des Stehlens verdächtigen, setzen wir die richtigen Prioritäten: Es ist besser, Freundschaften zu schließen, als andere Menschen zu verletzen und sich Feinde zu schaffen.*

DARF MAN EIN SPIELZEUG BEHALTEN, DAS JEMAND ANDEREM GEHÖRT, WENN ER ES NICHT ZURÜCKFORDERT?

A: Nein. Stehlen ist, etwas zu nehmen, das dir nicht gehört. Es ist eine Art des Stehlens, wenn du etwas von einer anderen Person ausleihst und nicht wieder zurückgibst. Wir wissen, daß Stehlen falsch ist – und zwar jede Art des Stehlens –, weil Gott zu uns gesagt hat, daß wir nicht stehlen sollen. Wenn Gott gesagt hat, daß es falsch ist, werden wir am Ende uns selbst und andere Menschen verletzen, falls wir es doch tun. Stehlen ist falsch, und wir schaden uns dadurch selbst – sogar dann, wenn niemand es herausfindet. Denk daran: Gott weiß es.

Wenn ein Freund dir etwas schenkt, gehört das Geschenk dir. Es ist dann kein Stehlen, es zu behalten. Du mußt es nicht mehr zurückgeben. Aber wenn jemand dir etwas ausleiht oder dir etwas vorübergehend überläßt, damit du es benutzen kannst, mußt du es ihm zurückgeben, wenn die Zeit abgelaufen ist oder wenn du damit fertig bist – auch dann, wenn diese Person dich nicht darum bittet oder es schon vergessen hat. Dasselbe gilt auch, wenn du etwas findest, das einer anderen Person gehört. Du solltest es dieser Person geben. Dann würdest du ehrlich und richtig handeln.

Gott gibt uns das Gebot, daß wir nicht stehlen dürfen. Er tut es, um uns zu helfen und um uns vor der Strafe für Diebstahl zu bewahren und davor, daß wir als Dieb bekannt werden. Außerdem: Würdest du nicht auch so behandelt werden wollen? Würdest du nicht wollen, daß man dir dein Buch oder deinen Ball wiedergibt, selbst wenn du sie schon vergessen hättest?

SCHLÜSSELVERS: *Behandelt jeden so, wie ihr selbst von ihm behandelt sein wollt. (Lk 6,31)*

ZUSÄTZLICHE BIBELSTELLEN: *2. Mose 20,15; Eph 4,28*

WEITERE FRAGEN: *Was ist, wenn jemand mir etwas ausleiht und wir vergessen es dann beide?*
Ist es Stehlen, wenn man nicht mehr daran denkt?

F: WENN EIN FREUND ZU MIR SAGT, DASS ETWAS UMSONST IST, UND ICH NEHME ES UND FINDE DANN SPÄTER HERAUS, DASS ES DOCH NICHT RICHTIG UMSONST WAR, HABE ICH DANN ETWAS FALSCHES GETAN?

A: Etwas Falsches ist immer falsch – auch dann, wenn wir uns dessen nicht bewußt sind, während wir es tun. Bist du schon einmal an einen Ort gegangen, wohin du nicht hättest gehen dürfen, oder hast etwas gesagt, das du nicht hättest sagen sollen, oder etwas genommen, das du nicht hättest nehmen dürfen – ohne zu wissen, daß es nicht in Ordnung war? Jedem ist das schon gelegentlich passiert. Manchmal finden wir erst später heraus, daß das, was wir getan haben, falsch war. Aber was sollen wir tun, nachdem wir es herausgefunden haben? Darauf kommt es an. Wir müssen vielleicht um Verzeihung bitten oder etwas zurückbringen. Wir sollten es auf jeden Fall nicht wieder tun, nachdem wir Bescheid wissen. Wenn zum Beispiel Freunde zu dir sagen, daß etwas umsonst ist, und du es dir nimmst und dann später herausfindest, daß es gar nicht umsonst war, solltest du es zurückbringen oder dafür bezahlen. Dann würdest du ehrlich und richtig handeln. Es einfach zu behalten, wäre falsch. Manchmal müssen wir unseren Verstand benutzen. Zum Beispiel gibt es in einem Laden kaum jemals etwas umsonst. Wenn also jemand sagt, daß eine Sache nichts kostet, sollten wir uns vergewissern, indem wir eine Person fragen, die in diesem Laden arbeitet. Wir sollten nicht alles einfach tun, was unsere Freunde uns sagen. Aber wir sollten *alles* tun, was Gott zu uns sagt.

SCHLÜSSELVERS: *Ihr laßt es euch gefallen, wenn einer kommt und euch einen anderen Jesus verkündet als den, den ich euch gebracht habe. Ihr laßt euch gerne einen anderen Geist geben als den, den ihr zuerst empfangen habt, und nehmt eine andere Gute Nachricht an als die, die ihr von mir gehört habt. (2. Kor 11,4)*

ZUSÄTZLICHE BIBELSTELLEN: *Lk 16,10; 1. Petr 1,13-16*

WEITERE FRAGEN: *Was ist, wenn ein anderes Kind zu mir sagt, daß es o.k. ist, wenn ich etwas tue, und später sagt ein Erwachsener zu mir, daß es falsch war?*

F: WIE KANN JEMANDEM »ZEIT GESTOHLEN« WERDEN?

A: Der Begriff »Zeit stehlen« bedeutet nicht, daß man Zeit wirklich stehlen kann.

Man möchte damit ausdrücken, daß jemand anderes einen mit Dingen oder Plaudereien beschäftigt, wenn man eigentlich etwas Wichtigeres zu tun hätte. Auch die Zeit ist uns von Gott geschenkt. Deshalb sollten wir sie nicht einfach so unnütz vertun (und vielleicht jemand anderen von etwas Wichtigem abhalten).

SCHLÜSSELVERS: *Alles hat seine Zeit… (Pred. 3,1)*

ANMERKUNG FÜR DIE ELTERN: *Seien Sie sich dessen bewußt, daß Kinder manchmal nicht die verschiedenen Bedeutungen von Worten verstehen. Halten Sie Ihre Kinder dazu an, sorgfältig mit Worten umzugehen, da das, was wir sagen, große Macht besitzt.*

IST ES FALSCH, COMPUTER-SPIELE ZU KOPIEREN?

A: Wenn die Urheberrechte eines Computerspiels geschützt sind, darf man es nicht kopieren. Was ein Urheberrecht ist? Es bedeutet, daß die Person (oder Firma), die dieses Computerspiel erfunden hat, als einzige das Recht hat, es zu kopieren oder zu vervielfältigen. Leute, die Bücher, Lieder, Artikel in Zeitschriften oder Computersoftware schreiben, schützen ihre Arbeit oft durch ein Urheberrecht, so daß andere Leute sie nicht verkaufen oder mißbrauchen können. In unserem Gesetz heißt es, daß jeder, der das doch tut, Diebstahl begeht.

Bei Diebstahl denken wir normalerweise daran, daß jemand einen Gegenstand nimmt (Geld, ein Spielzeug, einen Bleistift, eine Mütze, einen Ball usw.), der jemand anderem gehört. Aber man kann auch Informationen stehlen. Wenn eine Person ein Lied schreibt, gehört das Lied ihr. Wenn jemand ein Buch schreibt, gehört das Buch ihm. Andere Leute können Kopien von diesem Lied oder Buch bekommen, falls sie sie *kaufen*. Oder man kann sich von jemand anderem dessen Kopie von diesem Lied oder Buch ausleihen. Aber es wäre falsch, sich diese Kopien einfach zu *nehmen* – und genau das geschieht, wenn man sich selbst eine Kopie anfertigt.

Denk daran: Auch wenn alle Leute etwas tun, das falsch ist, ist es trotzdem falsch, weil es im Widerspruch steht zu Gottes Wesen.

SCHLÜSSELVERS: *Wer vom Diebstahl gelebt hat, muß jetzt damit aufhören. Er soll seinen Lebensunterhalt durch eigene Arbeit verdienen und zusehen, daß er auch noch etwas für die Armen übrig hat. (Eph 4,28)*

ZUSÄTZLICHE BIBELSTELLEN: *2. Mose 20,15; Röm 13,1-5; 1. Petr 2,13-14*

WEITERE FRAGEN: *Ist es richtig, Kassetten aufzunehmen?*

ANMERKUNG FÜR DIE ELTERN: *Akzeptieren Sie keine »schwarz« kopierte Software oder Musik für Ihre Kinder. Machen Sie ebenfalls keine illegalen Kopien zum eigenen Gebrauch. Wenn Sie unsicher sind, was Sie mit einem bestimmten Computerprogramm anfangen dürfen, schauen Sie im dazugehörigen Lizenzvertrag nach.*

F: IST ES FALSCH, GELD ZU
BEHALTEN, DAS MAN AUF DER
STRASSE GEFUNDEN HAT?

A: Ein ehrlicher Mensch wird sich Mühe geben, verlorene Dinge ihrem rechtmäßigen Besitzer zurückzugeben, selbst wenn niemand etwas davon weiß. Bei einer Brieftasche kann man im Inneren nach dem Namen suchen und dann den Eigentümer verständigen. Bei einem großen Geldbetrag kann man irgendwo eine Notiz anheften oder ihn der Polizei bringen. Es ist außerdem wichtig, *wo* man das Geld findet. Wenn man auf dem Fußboden eines Klassenzimmers Geld findet, wurde es wahrscheinlich von einem Schüler verloren. Wenn man Geld in einem Laden findet, wurde es vermutlich von jemandem verloren, der gerade eben in diesem Laden war. In diesen Fällen sollte die Person, die das Geld findet, es dem Lehrer oder dem Kassierer des Ladens sagen. Das wäre das Richtige. Das Wichtige dabei ist, daß wir genauso handeln, wie wir möchten, daß andere Personen uns behandeln würden, falls wir selbst Geld verlieren würden. Manchmal wird es unmöglich sein, den Besitzer des Geldes zu finden. Man würde vermutlich niemals den rechtmäßigen Eigentümer von Geld herausfinden, das man auf der Straße findet, oder von einem Zehnmarkschein, der über ein Spielfeld geweht wird. Aber laß dir keine Entschuldigungen dafür einfallen, daß du etwas behältst, das dir nicht gehört. Versuche, wenn du kannst, den Besitzer ausfindig zu machen.

SCHLÜSSELVERSE: *Jesus antwortete: » ´Liebe den Herrn, deinen Gott, von ganzem Herzen, mit ganzem Willen und mit deinem ganzen Verstand!´ Dies ist das größte und wichtigste Gebot. Das zweite ist gleich wichtig: ´Liebe deinen Mitmenschen wie dich selbst!´ «* (Mt 22,37-39)

ZUSÄTZLICHE BIBELSTELLEN: *5. Mose 22,1-3; Lk 6,31-36*

ANMERKUNG FÜR DIE ELTERN: *Kinder sagen vielleicht: »Wer etwas verliert, ist selbst schuld.« Sagen Sie Ihren Kindern, daß Gottes größtes Gebot uns einen anderen Maßstab setzt. Wir sollen andere Menschen respektieren und so handeln, wie es für sie am besten ist.*

A: Ja. Ganz egal, was jemand stiehlt oder warum – es ist trotzdem stehlen. In der Bibel steht viel über arme Leute. Gottes Volk, das Volk Israel, sollte den armen Menschen helfen. Hungrigen Menschen war es erlaubt, die übriggebliebenen Ähren auf den Kornfeldern zu sammeln (das nannte man Nachlese). Aber niemals wurde zu den armen Leuten gesagt, daß sie Nahrung stehlen durften.

Es gibt viele arme und hungrige Menschen auf der Welt. Wir sollten alles tun, was wir können, um ihnen zu helfen (ihnen Nahrung schicken und an Hilfsorganisationen Geld spenden), so daß sie nicht in die Versuchung geraten, Essen zu stehlen.

SCHLÜSSELVERSE: *Mein Gott, ich bitte dich nur um zwei Dinge; gib sie mir, solange ich lebe: Bewahre mich davor, zu lügen, und laß mich weder arm noch reich sein! Gib mir nur, was ich zum Leben brauche! Habe ich zuviel, so sage ich vielleicht: »Wozu brauche ich Gott?« Habe ich zu wenig, so fange ich vielleicht an zu stehlen und bringe deinen Namen in Verruf. (Spr 30,7-9)*

ZUSÄTZLICHE BIBELSTELLEN: *2. Mose 20,15; 3. Mose 19,10; 3. Mose 23,22; 5. Mose 24,19-21; Spr 19,17; Mt 6,19-21.25-34; Apg 2,42-45; Jak 2,14-16*

ANMERKUNG FÜR DIE ELTERN: *Wenn Ihr Kind solch eine Frage stellt, bietet sich eine großartige Gelegenheit, daß Sie als Familie damit beginnen, eine Hilfsorganisation zu unterstützen oder die Patenschaft für ein Kind oder eine Familie zu übernehmen. Es ist auch eine gute Gelegenheit dafür, daß Sie miteinander Gott um die täglichen Bedürfnisse Ihrer eigenen Familie bitten und ihm dafür danken, daß er Sie versorgt.*

F: IST ES STEHLEN, WENN MAN SICH ETWAS AUSLEIHT, OHNE ZU FRAGEN?

A: Es kann Stehlen sein. Wenn man etwas von einer anderen Person ausleiht, ohne vorher zu fragen, zeigt man dadurch, daß man nicht viel Respekt vor dem Besitzer hat. Was ist, wenn der Besitzer es selbst braucht oder diese Sache jemand anderem versprochen hat? Es ist immer am besten, um Erlaubnis zu fragen, ob man sich etwas ausleihen darf – auch dann, wenn diese Sache einem guten Freund gehört und du sie schon vorher benutzt hast. Wenn die andere Person zu dir so etwas gesagt hat wie: »Du kannst es jederzeit benutzen« und sie nicht in der Nähe ist, so daß du sie nicht fragen kannst, ist es etwas anderes. Dann leih es dir aus und hinterlasse eine Nachricht. Du willst sicher, daß der andere weiß, daß die Sache nicht gestohlen wurde, sondern daß *du* sie dir ausgeliehen hast. Wenn man um Erlaubnis fragt und Nachrichten hinterläßt, zeigt man, daß man Achtung vor seinem Freund hat. Stehle niemals etwas und entschuldige dich dann damit, daß du es »nur geliehen« hättest. Stehlen ist falsch und Lügen genauso. Sei ein ehrlicher Mensch, der andere Menschen und ihr Eigentum respektiert.

SCHLÜSSELVERS: *Behandelt jeden so, wie ihr selbst von ihm behandelt sein wollt. (Lk 6,31)*

ZUSÄTZLICHE BIBELSTELLEN: *2. Mose 20,15; Mt 22,34-40; Eph 4,28*

ANMERKUNG FÜR DIE ELTERN: *Geschwister streiten sich oft um Spielsachen, solange sie jünger sind, und um ihre Kleidungsstücke, wenn sie älter sind. Nutzen Sie diese Gelegenheit, um Ihren Kindern beizubringen, miteinander zu teilen und großzügig zu sein. Kinder lernen diese Dinge nicht von selbst – Sie müssen es ihnen beibringen.*

F: WAS SOLL ICH TUN, WENN EIN FREUND VON MIR ETWAS IN EINEM LADEN STIEHLT?

STAHLKUGEL-LAGER

A: Wenn du weißt, daß dein Freund vorhat, etwas zu stehlen, oder es gerade probiert, solltest du ihn darauf hinweisen, daß Stehlen falsch ist, und daß er das nicht tun sollte. Falls dein Freund nicht auf dich hören will, solltest du weggehen, diesen Laden verlassen oder den Ort, wo du bist, und geradewegs nach Hause gehen. Wenn du nämlich mit einer Person zusammen bist, die die Gesetze bricht, kannst du ebenfalls in Schwierigkeiten kommen, denn es ist ein Verbrechen, ein Verbrechen nicht zu melden. Erzähle deinen Eltern davon, sobald du zu Hause bist.

SCHLÜSSELVERSE: *Meine Brüder! Wenn einer von euch von der Wahrheit abirrt, dann seht zu, daß ihr ihn wieder auf den rechten Weg zurückbringt. Denn ihr müßt wissen: Wer einen Sünder von seinem Irrweg abbringt, rettet ihn vor dem Tod und macht viele eigene Sünden gut. (Jak 5,19-20)*

ZUSÄTZLICHE BIBELSTELLEN: *2. Mose 20,15; Spr 1,10-16; Spr 13,20; Röm 13,1-5; 2. Thess 3,14-15; Hebr 10,24*

WEITERE FRAGEN: *Wenn ich sehe, wie mein Freund stiehlt, was soll ich dann tun?*

ANMERKUNG FÜR DIE ELTERN: *Helfen Sie Ihren Kindern zu erkennen, wie man sich Freunde aussucht und wann es Zeit ist, eine Freundschaft nicht länger aufrechtzuerhalten. Wir wollen, daß unsere Kinder einen positiven Einfluß auf andere ausüben; aber es kommt ein Zeitpunkt, an dem sie sich von anderen Kindern, die besonderen Ärger machen, distanzieren müssen.*

F: WAS IST, WENN MAN ETWAS FINDET, DAS EINEM NICHT GEHÖRT, ABER MAN KANN NICHT HERAUSFINDEN, WEM ES GEHÖRT – IST DAS DANN STEHLEN?

Etwas zu finden, das dir nicht gehört, ist kein Stehlen. Aber du solltest versuchen, den Besitzer herauszufinden, wenn du kannst. Wieviel Mühe du dir dabei gibst, sollte dem Wert dieser Sache entsprechen. Eine Pfennigmünze oder ein Zehnpfennigstück hat nur geringen Wert. Deshalb brauchst du keine Anzeige in die Zeitung zu setzen, um die Person ausfindig zu machen, die diese Münze verloren hat. Aber ein Album mit Hochzeitsbildern, eine Schmuckschatulle oder eine Brieftasche ist sehr viel wert. Du solltest dir viel größere Mühe geben, um den Besitzer solcher wertvollen Dinge herauszufinden. Oft werden deine Mutter oder dein Vater genau wissen, wie man nach dieser Person suchen kann. Wenn du in der Schule etwas findest, bring es zum Hausmeister. Benutze niemals die Aussage: »Ich habe es eben gefunden und kann niemanden in der Nähe sehen« als Entschuldigung dafür, um etwas für dich zu behalten.

SCHLÜSSELVERSE: *Du sollst nicht untätig zusehen, wie sich das Rind oder Schaf eines anderen Israeliten verläuft. Du mußt das verirrte Tier so schnell wie möglich zu seinem Besitzer zurückbringen. Falls er weiter entfernt oder dir unbekannt ist, sollst du das Tier bei dir aufnehmen, bis der Besitzer kommt und danach fragt; dann mußt du es ihm zurückgeben. Genauso mußt du verfahren, wenn jemand seinen Esel, seinen Mantel oder sonst etwas verloren hat und du es findest. Du darfst ihm deine Hilfe nicht versagen. (5. Mose 22,1-3)*

ZUSÄTZLICHE BIBELSTELLEN: *Phil 2,4*

WEITERE FRAGEN: *Ist es falsch, wenn man einen Zwanzigmarkschein behält, den man auf dem Boden gefunden hat, auch wenn man von jemandem gefragt worden ist, ob man ihn gesehen hat?*

ANMERKUNG FÜR DIE ELTERN: *Erzählen Sie Beispiele, wie Sie selbst so gehandelt haben oder wie jemand anders Ihnen gegenüber so gehandelt hat und was Sie dabei empfunden haben. Sie könnten auch zu Ihren Kindern sagen, daß andere Menschen es bemerken werden, wenn sie den Versuch machen, etwas zurückzugeben.*

UND ZULETZT
WICHTIGE
KLEINIGKEITEN

F: DARF MAN JEMANDEN MIT STEINEN BEWERFEN, DER EINEN ZUERST MIT STEINEN BEWORFEN HAT?

Es ist nicht richtig, jemandem etwas Böses anzutun, nur weil diese Person uns etwas Böses angetan hat. Die Bibel nennt das »Böses mit Bösem zu vergelten«, und Jesus sagt, daß es falsch ist. In der Bibel steht außerdem, daß wir nicht versuchen sollen, uns an den Menschen zu rächen, die uns verletzt haben. Wir haben nicht das Recht, andere Menschen für die Dinge, die sie falsch gemacht haben, zu bestrafen. Statt dessen sollten wir mit Gott über die Situation sprechen und sie dann ihm überlassen. Es ist richtig, wenn wir uns selbst schützen, aber es ist nicht in Ordnung, wenn wir anderen Menschen etwas heimzahlen.

Dies mag dir vielleicht unfair erscheinen. Aber tatsächlich weiß nur Gott allein, wie man gerecht urteilt – wir wissen es nicht. Wenn wir darauf verzichten, Böses mit Bösem zu vergelten, überlassen wir es Gott, die Dinge in Ordnung zu bringen. Gottes Urteil ist immer fehlerlos.

Nur weil jemand anderes sündigt, haben wir keine Entschuldigung dafür, daß *wir* sündigen. Wir sollten immer versuchen, Gott gehorsam zu sein und das zu tun, was richtig ist. Gottes Wege sind immer die besten. Sich an anderen Menschen zu rächen, löst gewöhnlich nicht das Problem – es macht die Dinge nur noch schlimmer.

SCHLÜSSELVERSE: »*Ihr wißt, daß es heißt: ´Auge um Auge, Zahn um Zahn.´ Ich aber sage euch: Ihr sollt euch überhaupt nicht gegen das Böse wehren. Wenn dich einer auf die rechte Backe schlägt, dann halte ihm auch die linke hin.*« (Mt 5,38-39)

ZUSÄTZLICHE BIBELSTELLEN: *Spr 20,22; Lk 6,27-36; Apg 7,60; Röm 12,17-21*

WEITERE FRAGEN: *Ist es falsch, wenn ich meine Eltern anschreie, wenn sie mir etwas verbieten?*
Ist es falsch, wenn ich auf meinen Bruder wütend bin, nachdem er etwas von meinen Sachen kaputtgemacht hat?
Sollte ich gemein zu jemandem sein, der wirklich gemein zu meiner Schwester war?

F: DARF MAN SCHLIMME DINGE SAGEN, WENN NIEMAND DA IST, DER EINEN HÖREN KANN?

A: Wenn etwas falsch ist, ist es auch dann falsch, wenn keiner es jemals herausfinden wird. Daher ist es falsch, Schimpfworte zu gebrauchen, zu lügen oder Schlechtes über andere Menschen weiterzuerzählen – sogar, wenn unsere Eltern, Freunde, Nachbarn oder sonst jemand es nicht hören können. Gott weiß, was geschieht. Er sieht und hört alles.

Aus diesem Grund wird unser Charakter oft genau dann geprüft, wenn wir denken, daß niemand uns beobachtet oder uns hören kann. Wenn du wirklich glaubst, daß Fluchen falsch ist, wirst du es nicht tun – und zwar auf Dauer. Du wirst nicht nach Gelegenheiten Ausschau halten, bei denen du fluchen kannst, weil niemand in der Nähe ist und dich dabei erwischen kann. Gib dir große Mühe, die Dinge auszusprechen und zu *denken*, die gut und richtig sind – auch wenn niemand in deiner Nähe ist. Darauf kommt es an. Sogar was du denkst, zählt. Gott kennt alle unsere Gedanken.

Und wenn doch jemand herausfindet, was du gesagt hast, als du allein warst, wird er wissen, daß man dir vertrauen kann. Jeder Augenblick unseres Lebens soll Gott wohlgefällig sein.

SCHLÜSSELVERS: *Laßt kein giftiges Wort über eure Lippen kommen. Seht lieber zu, daß ihr für die anderen in jeder Lage das rechte Wort habt, das ihnen weiterhilft. (Eph 4,29)*

ZUSÄTZLICHE BIBELSTELLEN: *Spr 5,21; Spr 20,11; Koh 12,14; Phil 4,8*

WEITERE FRAGEN: *Darf man vor sich hinschimpfen?*

ANMERKUNG FÜR DIE ELTERN: *Kinder denken oft, daß eine Tat, die niemandem wehtut, in Ordnung ist. Aber letzten Endes schaden falsche Handlungen immer irgend jemandem in irgendeiner Weise. Der Schaden geschieht vielleicht indirekt oder wird erst allmählich sichtbar – so wie zum Beispiel andauerndes Lügen das Vertrauen innerhalb einer Familie zerstört. Schlußendlich hat alles, was wir tun, Auswirkungen auf andere.*

KANN ICH ALLES TUN, WAS ICH WILL, WENN ICH ÄLTER BIN?

FABIANS VORSTELLUNG

Manche Kinder denken, wenn sie erst einmal erwachsen sind, werden sie alles tun können, was sie wollen. Vielleicht sieht es so aus, als ob manche Erwachsene so leben. Aber es stimmt nicht. Unser ganzes Leben lang müssen wir Richtlinien und Gesetze befolgen. Als Gott die Zehn Gebote gegeben hat, hat er sie allen Menschen gegeben, zu allen Zeiten und für immer. Niemand wächst aus der Notwendigkeit heraus, Gottes Gebote befolgen zu müssen. Wir sollten Gott immer gehorsam sein. Das ist einer der Gründe, weshalb Gott zu uns sagt, daß wir unseren Eltern gehorchen sollen. Wenn wir tun, was sie uns sagen, werden wir später besser den Personen gehorsam sein können, die als Autoritäten über uns gesetzt sind. Unseren Eltern zu gehorchen, hilft uns auch dabei, den Wunsch zu entwickeln, immer das Richtige tun zu wollen.

SCHLÜSSELVERS: *Keiner soll dich verachten, weil du noch jung bist. Sei allen Christen ein Beispiel mit deinem Reden und Tun, deiner Liebe, deinem Glauben und deiner Reinheit. (1. Tim 4,12)*

ZUSÄTZLICHE BIBELSTELLEN: *Joh 14,6; 1. Kor 6,12; 1. Petr 5,1-4*

WEITERE FRAGEN: *Warum schreien Erwachsene sich gegenseitig an?*

ANMERKUNG FÜR DIE ELTERN: *Die eigentliche Frage hinter dieser Frage kann sich um zweierlei Maßstäbe drehen. Wenn Eltern etwas tun, das sie ihren Kindern verbieten, wird es für Kinder so aussehen, als ob Erwachsene alles tun könnten, was sie wollen. Benutzen Sie nicht Ihr Alter als Ausrede für falsches Verhalten.*

IST ETWAS BÖSES ZU DENKEN DASSELBE WIE ES ZU TUN ODER ZU SAGEN?

A: Nein. Jemanden zu hassen und sich zu wünschen, dieser Mensch wäre tot, ist beides sehr schlimm. Aber Haß hat nur Auswirkungen auf denjenigen, der diese bösen Gedanken denkt. Er oder sie würde die Situation noch viel schlimmer machen, wenn er oder sie wirklich diesen anderen Menschen umbringen würde. Dasselbe gilt für Stehlen, Lügen und andere schlechte Gedanken. So falsch es auch ist, böse Gedanken zu denken, es ist noch viel schlimmer, wenn man diese Dinge wirklich tut oder sagt.

Aber unsere Gedanken sind trotzdem sehr wichtig, denn oft tun wir am Ende das, worüber wir fortwährend nachgedacht haben. Nehmen wir einmal an, deine Mutter hat zu dir gesagt, daß du vor dem Abendessen keine Kekse essen sollst. Aber du siehst die Kekse auf dem Küchentisch und denkst ständig daran, wie gut sie schmecken würden, besonders mit einem Glas kalter Milch. Wenn du immer weiter darüber nachdenkst, wird der Wunsch, diese Kekse zu essen, wahrscheinlich immer größer, bis du vielleicht zuletzt deiner Mutter ungehorsam bist und dir von den Keksen nimmst. Gott weiß, was wir denken, und er möchte, daß wir unseren Kopf mit guten Gedanken füllen und nicht mit schlechten.

SCHLÜSSELVERS: *Jerusalem, wasche deine Bosheit von deinem Herzen ab, damit du gerettet wirst! Wie lange willst du dich noch mit bösen Gedanken abgeben? (Jer 4,14)*

ZUSÄTZLICHE BIBELSTELLEN: *1. Chr 28,9; Phil 4,8; Jak 1,14-15*

WEITERE FRAGEN: *Ist es falsch, böse Gedanken zu denken?*

ANMERKUNG FÜR DIE ELTERN: *An irgendeinem Punkt machen sich die meisten Kinder Sorgen, ob Gott sie für ihre bösen Gedanken bestrafen wird. Erklären Sie Ihrem Kind, daß es nicht falsch ist, einen schlechten Gedanken zu haben, aber daß es falsch ist, diesem Gedanken immer weiter nachzuhängen, anstatt an etwas anderes zu denken. Vergewissern Sie sich, ob Ihr Kind verstanden hat, weshalb man bösen Gedanken nicht nachhängen soll: Aus unseren Gedanken erwachsen Wünsche und Taten.*

F: WARUM SIND MANCHE DINGE FALSCH, OBWOHL ALLE ANDEREN KINDER ES TUN?

Wenn etwas falsch ist, ist es falsch – ganz egal, wie viele Leute es tun. Nehmen wir einmal an, ein paar deiner Freunde würden anfangen, die Fenster in der Nachbarschaft mit Steinen einzuwerfen. Wäre das in Ordnung, nur weil alle es tun würden? Natürlich nicht! Es wäre falsch, ob nun eine Person es tun würde oder ob *alle in der Schule* so handeln würden. Du kannst ganz sicher sein, daß die Polizei und die Hausbesitzer sagen würden, daß es falsch ist!

Viele Kinder benutzen Schimpfworte, sie lügen und betrügen, nehmen Drogen und trinken Alkohol, sie rauchen, sind ihren Eltern ungehorsam, klauen in Läden oder tun andere falsche Dinge. Denk aber nicht, daß du alle diese Dinge auch tun müßtest. Du sollst das tun, was richtig ist, selbst wenn du der einzige bist. Das möchte Gott von uns.

Wenn die Gruppe, mit der du zusammen bist, falsche Dinge tut und dich unter Druck setzt, dabei mitzumachen, dann suche dir andere Freunde. Distanziere dich von Kindern, die dich ständig in Versuchung bringen, etwas Falsches zu tun.

SCHLÜSSELVERSE: *Das aber sage ich euch im Auftrag des Herrn mit allem Nachdruck: Ihr dürft nicht mehr wie Heiden leben, die von ihrem verkehrten Denken in die Irre geführt werden. Weil sie Gott nicht kennen und nichts von ihm wissen wollen, sind sie blind für die Wahrheit und haben keinen Anteil an dem Leben, das von Gott kommt. Weil sie keinen Halt mehr haben, überlassen sie sich dem Laster. Sie treiben jede Art von Unzucht und sind von unersättlicher Habgier. (Eph 4,17-19)*

ZUSÄTZLICHE BIBELSTELLEN: Ri 2,11-15; Röm 12,1-2; Kol 2,6-7

ANMERKUNG FÜR DIE ELTERN: *Der Druck, der von Gleichaltrigen auf ein Kind ausgeübt wird, kann sehr stark sein. Wenn Ihr Kind älter wird, können Sie ihm oder ihr helfen, dagegen anzukämpfen, indem Sie viel Zeit allein mit Ihrem Kind und gemeinsam als Familie verbringen.*

F: DARF ICH ANDERE KINDER VERRATEN?

A: Wenn ein Gesetz gebrochen wird oder jemand verletzt wird, ja. Gott hat Erwachsenen Autorität gegeben, damit sie dich und andere vor Unrecht beschützen. Wenn die Erwachsenen nichts von einem Problem wissen, können sie nicht für diesen Schutz sorgen. Sag es deinen Eltern, einem Lehrer, einem Trainer, einem Seelsorger, einem Polizisten oder einem anderen betroffenen Erwachsenen, falls du weißt, daß jemand stiehlt, Drogen nimmt, Drogen verkauft, Alkohol trinkt, ein Gesetz brechen will, darüber redet, daß er Selbstmord begehen will oder sagt, daß er eine andere Person verletzen will. In solchen Fällen ist es überhaupt nicht falsch, andere Kinder zu verraten.

Aber es ist *nicht* in Ordnung, wenn man Kinder, die man nicht leiden kann, verpetzt, nur damit sie Ärger bekommen. Denk daran, du bist kein Elternteil, Lehrer, Schuldirektor oder Polizist. Wenn du jemanden verraten hast und diese Person Schwierigkeiten bekommt, erzähle es nicht herum und und bausche die Sache nicht auf. Gottes Plan für unser Leben ist, daß wir ihm dienen und anderen Menschen helfen – das sollte der allererste Grund sein, weshalb wir etwas über andere Kinder weitererzählen. Angeberei ist fehl am Platz.

SCHLÜSSELVERS: *Beteiligt euch nicht an dem finsteren Treiben, das nur verdorbene Frucht hervorbringt. Im Gegenteil, deckt es auf!* (Eph 5,11)

ZUSÄTZLICHE BIBELSTELLEN: Lk 17,3; Röm 13,1-5; 1. Petr 2,13-14

ANMERKUNG FÜR DIE ELTERN: *Die Frage, ob man andere Kinder verpetzen darf, ist sehr real. Kinder hassen »Petzen« so sehr, daß manche Eltern ihre Kinder dazu anspornen, niemals irgend jemand zu verraten, weil sie befürchten, daß ihre Kinder Freunde verlieren könnten. Aber es ist wichtig, daß Kinder Unrecht ans Licht bringen. Es gehört als grundlegender Faktor dazu, damit Kinder verantwortungsbewußte Freunde und Staatsbürger werden. Bringen Sie Ihrem Kind bei, für die Einhaltung von Regeln zu sorgen – und zwar aus dem Wunsch heraus, daß andere sich richtig gegenüber Gott verhalten, und nicht, um dadurch selbst moralisch überlegen zu wirken.*

WARUM WERFEN MANCHE LEUTE ABFALL ACHTLOS WEG?

A: Manche Leute werfen Abfall weg, weil sie es so gewohnt sind. Anderen ist es einfach egal, was mit dem Abfall geschieht. Ganz gleich, aus welchem Grund die Menschen Abfall wegwerfen – es ist gegen das Gesetz und schadet unserer Umwelt. Wenn man Abfall einfach so wegwirft, zeigt man dadurch, daß man wenig Respekt vor anderen Menschen und ihrem Eigentum hat. Abfall verschandelt alles. Christen sollten Achtung haben vor anderen Menschen, ihrem Eigentum, vor Gottes Schöpfung und vor dem Gesetz. Daher sollten wir Abfall nicht einfach wegwerfen.

SCHLÜSSELVERS: *Dann sagte Gott: »Nun wollen wir den Menschen machen, ein Wesen, das uns ähnlich ist! Er soll Macht haben über die Fische im Meer, über die Vögel in der Luft und über alle Tiere auf der Erde.« (1. Mose 1,26)*

ZUSÄTZLICHE BIBELSTELLEN: *Lk 6,31*

WEITERE FRAGEN: *Läßt Gott die Umweltverschmutzung bis in den Himmel kommen?*

ANMERKUNG FÜR DIE ELTERN: *Kinder haben oft folgende Einstellung: »Ich habe die Unordnung nicht verursacht, also muß ich sie auch nicht beseitigen.« Wir sollten unseren Kindern beibringen, Verantwortung für die Umwelt zu übernehmen. Wenn Sie irgendwo Abfall liegen sehen, heben Sie ihn auf. Führen Sie im Auto eine Tüte für Abfälle mit sich. Gehen Sie auf diesem Gebiet mit gutem Beispiel voran.*

F: WARUM IST ES NICHT GUT, MIT FREMDEN ZU SPRECHEN?

A: Leider gibt es viele böse Menschen auf der Welt. Manche wollen Kindern böse Dinge antun. Aus diesem Grund wird zu Kindern gesagt, daß sie nicht mit fremden Leuten reden sollen. Gott hat in der Bibel keine Vorschrift, die es verbietet, daher ist es nicht auf diese Weise falsch. Aber Gott hat gesagt, daß du deinen Eltern gehorchen sollst. Deshalb wäre es falsch, wenn du deiner Mutter und deinem Vater ungehorsam wärst, falls sie zu dir gesagt haben, daß du nicht mit Erwachsenen sprechen darfst, die du nicht kennst. Sogar, wenn deine Eltern zu dir nichts darüber gesagt haben, wäre es klug, wenn du dich von fremden Menschen fernhalten würdest. Natürlich sind manche fremden Leute gute Menschen, und manche brauchen vielleicht sogar Hilfe. Aber es ist trotzdem eine gute Regel, sich von Erwachsenen, die man nicht kennt, fernzuhalten.

Es ist also nicht *falsch*, wenn du mit Fremden redest, aber es kann gefährlich sein. Aus diesem Grund verbieten deine Eltern es dir. Sie wollen nicht, daß du dich selbst in eine Lage bringst, in der ein böser Mensch dich verletzen könnte. Wenn eine fremde Person dich um Hilfe bittet oder wenn du jemanden siehst, der in Schwierigkeiten ist, dann hole deine Mutter oder deinen Vater oder einen anderen Erwachsenen, den du kennst. Versuche nicht, ganz allein zu helfen.

SCHLÜSSELVERS: *Ihr müßt euch vor allem darüber im klaren sein: Bevor es mit der Welt zu Ende geht, werden Menschen auftreten, die nur ihren eigenen Trieben folgen. Sie werden sich über euch lustig machen. (2. Petr 3,3)*

ZUSÄTZLICHE BIBELSTELLEN: *Spr 14,15; Röm 16,17-18; Eph 6,1-3*

ANMERKUNG FÜR DIE ELTERN: *Eine Möglichkeit, Ihrem Kind beizubringen, wie es mit Fremden reden soll, ist das Rollenspiel. Ihr Kind erhält dadurch die Gelegenheit, vorher zu üben, was es sagen und tun kann, bevor es in eine furchteinflößende Situation gerät. Erklären Sie außerdem, daß unter den richtigen Umständen und bei entsprechenden Anlässen Gott von uns möchte, daß wir freundlich sind zu neuen Leuten, die wir treffen.*

F: **IST ES IN ORDNUNG, WENN MAN SEINE ELTERN UM ETWAS ANBETTELT?**

A: Es ist in Ordnung, deine Eltern um etwas zu *bitten*, aber nicht, sie anzubetteln. Zum Beispiel kannst du sie um einen besonderen Ausflug bitten, um Weihnachtsgeschenke oder um die Erlaubnis, einen Freund besuchen zu dürfen oder lange aufzubleiben. Du solltest höflich bitten und deine Gründe erklären. Aber wenn deine Eltern darauf nein sagen, solltest du ihre Antwort in der richtigen Art und Weise akzeptieren. Bettle nicht. Bitte nicht wieder und wieder und wieder darum. Versuche nicht, sie dahin zu bringen, daß sie dir etwas geben, das sie dir eigentlich gar nicht geben wollen. Versuche nicht, sie mürbe zu machen.

Der Schlüssel in dieser Sache ist einfach, daß du deine Eltern respektieren solltest. Sie haben dir eine Antwort gegeben, weil sie dachten, daß es so am besten für dich ist. Wenn du sie breitschlägst, bekommst du vielleicht, was du willst, aber bereust es dann später. Gott hat dir Eltern gegeben, damit sie dich beschützen und für dich sorgen. Wenn du sie dazu überredest, daß sie ihrer ersten Antwort widersprechen, trittst du aus diesem Schutz heraus. Respektiere deine Mutter und deinen Vater und gehorche ihnen.

SCHLÜSSELVERS: *Und wenn ihr ihn bittet, bekommt ihr es nicht, weil ihr nur in der Absicht bittet, eure unersättliche Gier zu befriedigen. (Jak 4,3)*

ZUSÄTZLICHE BIBELSTELLEN: *2. Mose 20,12; Eph 6,1-3; Kol 3,20*

ANMERKUNG FÜR DIE ELTERN: *Lassen Sie sich nicht von einem Kind durch Nörgeln mürbe machen. Falls Ihr Kind drängelt oder bettelt, geben Sie nicht nach, wenn Sie nicht einen guten Grund dafür haben. Vermitteln Sie Ihrem Kind jedoch auch jedesmal Ihre Anerkennung, wenn es eine höfliche Bitte vorbringt, richtig auf Ihre Antwort reagiert und eine positive Einstellung zeigt. Und zuletzt, denken Sie grundsätzlich über Ihre Antwort nach, bevor Sie sie aussprechen. Wenn die Antwort ja sein könnte oder sollte und Sie nur aus Bequemlichkeit nein sagen, werden Sie vermutlich Ihre Meinung ändern, sobald Ihr Kind zu nörgeln beginnt. Dadurch wird Ihr Kind ermutigt, zukünftig bei jedem Nein zu nörgeln!*

F: DARF MAN TÜREN ZUSCHLAGEN, WENN MAN WÜTEND IST?

TRAMPEL

A: Nein, denn in der Bibel steht, daß wir Selbstbeherrschung haben sollten. Das bedeutet, Gott will, daß wir unsere Gefühle kontrollieren und uns nicht von unseren Gefühlen kontrollieren lassen. Gefühle sind gut; und es ist gut, wenn man versteht, was man fühlt. Mit anderen Worten: wenn wir zornig sind, sollten wir nicht so tun, als wären wir es nicht. Aber wir sollten auch darüber nachdenken, weshalb wir wütend sind. Wir sollten mit Gott und mit anderen darüber sprechen. Wir sollten daran arbeiten, die Dinge zu verändern, die unsere Wut verursacht haben. Wir müssen uns in acht nehmen, auf welche Weise wir unseren Ärger zum Ausdruck bringen. Wenn wir schreien, brüllen, schimpfen, schlagen und Türen zuwerfen, können wir andere Menschen dadurch verletzen und die Situation noch schlimmer machen. Wenn du höflich bist, werden andere eher geneigt sein, dir zuzuhören und deinem Anliegen Aufmerksamkeit zu schenken.

SCHLÜSSELVERS: *Geduld bringt weiter als Heldentum; sich beherrschen ist besser als Städte erobern. (Spr 16,32)*

ZUSÄTZLICHE BIBELSTELLEN: *Gal 5,19-23; Eph 4,26; Kol 3,8; Jak 1,19-20*

WEITERE FRAGEN: *Ist es falsch, wenn man auf eine Lehrerin wütend ist, weil sie einen unfair behandelt? Ist es falsch, wütend zu werden?*

ANMERKUNG FÜR DIE ELTERN: *Mit Zorn richtig umzugehen, benötigt Übung. Es gibt mehrere Möglichkeiten, wie Sie Ihrem Kind dabei helfen können, sich diese wertvolle Fähigkeit anzueignen: 1. Wenn eine Frage nach Zorn auftaucht, reden Sie miteinander über andere Möglichkeiten, als Türen zuzuschlagen, zu schreien oder mit den Füßen zu stampfen. Fragen Sie: »Was könntest du noch tun, um mir zu zeigen, daß dir diese Sache sehr nahe geht?« 2. Beim nächsten Mal, wenn Ihr Kind so wütend wird, daß es eine Tür zuwirft, ermutigen Sie es, mit Ihnen über seine Gefühle zu reden (»Ich bin wütend, weil …«). Achten Sie darauf, geduldig zuzuhören. 3. Wenn Sie selbst zornig werden, geben Sie ein Beispiel, das Ihr Kind sehen und nachahmen kann.*

**WARUM HABE ICH PFLICHTEN
UND MUSS IM HAUSHALT
HELFEN?**

A: Aus drei Gründen: 1. Gute Familien arbeiten zusammen. 2. Gute Familienmitglieder wollen ihrer Familie helfen. 3. Wenn wir unsere Pflichten erfüllen und unseren Eltern im Haushalt helfen, übernehmen wir dadurch Verantwortung. Und das gehört zum Erwachsenwerden.

Solange Kinder sehr klein sind, tun Eltern fast die ganze Arbeit im Haushalt. Aber wenn die Kinder älter werden, helfen sie immer mehr mit und tun das, wozu sie fähig sind. Viele Familien übertragen jeder Person in der Familie bestimmte Aufgaben oder Pflichten. Auf diese Weise kann jeder in der Familie mithelfen, dafür zu sorgen, daß im Haushalt alles reibungslos funktioniert und die Arbeit getan wird. Folgende Dinge können je nach Alter und Fähigkeit von Kindern übernommen werden: Tisch decken, putzen und abstauben, Rasen mähen, Schnee schaufeln, Wäsche waschen, Fenster putzen, Mahlzeiten kochen (und womöglich sogar das Auto reparieren).

Wenn deine Eltern dir solche Aufgaben zuweisen, betrachte es als Kompliment und als Gelegenheit. Deine Eltern wissen, daß du diese Aufgabe erledigen kannst. Du kannst ein hilfreiches Mitglied deiner Familie sein. Denk daran, deine Eltern versuchen nicht einfach, dich dazu zu bringen, daß du ihre Arbeit für sie tust. Sie bereiten dich für das Leben vor. Wenn du heute schon lernen kannst, fleißig und hilfsbereit zu sein, wirst du dir dadurch eine Menge Schwierigkeiten ersparen, wenn du älter wirst.

SCHLÜSSELVERS: *Kümmert sich aber jemand nicht um die notleidenden Witwen der eigenen Familie, besonders wenn sie mit ihm zusammenwohnen, dann verleugnet er Christus und ist schlimmer als ein Ungläubiger. (1. Tim 5,8)*

ZUSÄTZLICHE BIBELSTELLEN: *2. Mose 20,12; 2. Thess 3,10; 1. Tim 4,12*

WEITERE FRAGEN: *Ist es eine Sünde, sein Zimmer nicht aufzuräumen, wenn die Eltern einen darum gebeten haben?*

F: **WARUM MUSS ICH MEINE ZÄHNE PUTZEN?**

Wenn deine Eltern zu dir sagen, daß du deine Zähne putzen sollst, solltest du es tun. Gott will, daß Kinder ihren Eltern gehorchen. Aber es gibt noch einen anderen Grund, weshalb wir unsere Zähne putzen sollten. Weißt du, jeder Mensch ist eine ganz besondere Schöpfung Gottes. Gott hat uns sehr lieb. Er hat uns einen Körper gegeben, in dem wir leben und den wir dazu einsetzen sollten, um Gott zu dienen. Es ist unsere Aufgabe, unseren Körper zu pflegen und ihn richtig zu gebrauchen. Das bedeutet, wir sollten die richtige Nahrung zu uns nehmen, genug Schlaf bekommen, auf unser Gewicht achten, uns fit halten, uns bei kaltem Wetter warm anziehen und uns nicht selbst durch Drogen, Alkohol oder Tabak Schaden zufügen. Dazu gehört auch, daß wir unsere Zähne putzen und uns sauberhalten.

Es wäre keine Sünde, wenn ein Erwachsener einen Tag lang seine Zähne nicht putzen würde. Aber es wäre eine Sünde, wenn er sich überhaupt nicht um seine Zähne kümmern und zulassen würde, daß sie schlecht werden. Es ist keine Sünde, Süßigkeiten zu essen. Aber es wäre eine Sünde, wenn jemand nur Süßigkeiten essen und dadurch seine Gesundheit zerstören würde. Gott will, daß wir gut auf unseren Körper achtgeben.

SCHLÜSSELVERS: *Wißt ihr denn nicht, daß euer Körper der Tempel des heiligen Geistes ist? Gott hat euch seinen Geist gegeben, der jetzt in euch wohnt. Darum gehört ihr nicht mehr euch selbst. (1. Kor 6,19)*

ZUSÄTZLICHE BIBELSTELLEN: *Hld 4,2*

WEITERE FRAGEN: *Warum muß ich baden?*
Warum muß ich jeden Abend früh ins Bett gehen?
Warum soll ich mich gut benehmen?
Warum muß ich jedesmal, bevor ich esse, meine Hände waschen?

ANMERKUNG FÜR DIE ELTERN: *Geben Sie acht, daß Sie aus Auseinandersetzungen bezüglich Reinlichkeit keine große Sache machen. Kluge Eltern werden Körperpflege so gestalten, daß sie Spaß macht.*

F: DARF MAN ZU JEMANDEM SAGEN, DASS ER DIE KLAPPE HALTEN SOLL, WENN ER EIN BLÖDMANN IST?

A: Wenn jemand etwas Falsches tut oder uns sehr ärgert, muß uns das nicht gefallen. Aber wir sollten nicht als Reaktion darauf dieser Person ebenfalls etwas Böses tun. Gott möchte, daß wir zu anderen liebevoll und freundlich sind. Deshalb gilt die Regel, daß wir respektvoll sein sollten und nicht überheblich oder grob. Wenn diese Person sich deine Meinung anhören will, dann sag etwas zu ihr, aber sag es freundlich. Manchmal ist es richtig, zu Freunden zu sagen, daß sie sich nicht nett verhalten oder gemein sind. Du mußt nicht damit einverstanden sein, wenn jemand grausam ist, aber du solltest es ihm auch nicht auf die gleiche Weise zurückgeben.

Gott weiß, daß es am besten für uns ist, so zu handeln. Wenn wir Grausamkeit mit Freundlichkeit begegnen, schaffen wir uns Freunde. Aber wenn wir Gemeinheit mit Gemeinheit vergelten, schüren wir dadurch nur den Streit und rufen neue Auseinandersetzungen hervor. Wenn wir also zu jemand nett sind anstatt gemein, ist dies der beste Weg, wie wir ihn dazu bringen können, daß er aufhört, uns zu ärgern.

SCHLÜSSELVERS: *Eine versöhnliche Antwort kühlt den Zorn ab, ein verletzendes Wort heizt ihn an. (Spr 15,1)*

ZUSÄTZLICHE BIBELSTELLEN: *Spr 4,24; Spr 12,16; Röm 12,17; Röm 15,2; Jak 2,8; 1. Petr 2,17*

WEITERE FRAGEN: *Ist es falsch, andere Leute zu beschimpfen?*

ANMERKUNG FÜR DIE ELTERN: *Erlauben Sie Kindern nicht, grausame und unfreundliche Dinge zueinander oder zu Ihnen zu sagen. Es geht einfach darum, andere zu respektieren, so daß man nichts Unfreundliches oder Respektloses sagt. Zeigen Sie Ihren Kindern, wie sie ihre Anliegen miteinander besprechen können, ohne sich gegenseitig anzugreifen. Helfen Sie ihnen, ihre Probleme zu lösen, anstatt sich zu streiten.*

F: WARUM SAGEN DIE LEUTE IN DER WERBUNG SACHEN, DIE NICHT WAHR SIND, ÜBER DIE DINGE, DIE SIE VERKAUFEN WOLLEN?

A: Firmen produzieren Werbesendungen, weil sie versuchen wollen, die Leute dazu zu bringen, ihre Produkte zu kaufen. Manche Firmen kümmern sich nicht darum, was sie sagen, selbst wenn es nicht wahr ist. Sie wollen einfach, daß die Leute diese Dinge kaufen. In allen Werbespots versucht man, die entsprechende Ware gut aussehen zu lassen. Daher lügen diese Leute vielleicht nicht, aber sie vermitteln womöglich einen Eindruck, der nicht wahr ist. Ein Werbespot kann zum Beispiel eine Gruppe von Kindern zeigen, die viel Spaß an einem bestimmten Spiel haben. Wir wissen gar nicht sicher, ob dieses Spiel wirklich Spaß macht, denn die Kinder im Fernsehen sind Schauspieler, die dafür bezahlt worden sind, daß sie so aussahen, als hätten sie Spaß daran. Man will uns glauben machen, daß es uns glücklich machen würde, wenn wir dieses Spiel spielen würden.

Wenn du Werbung siehst oder hörst, dann schau genau hin und hör aufmerksam zu. Gewöhne dir außerdem *nicht* an, alles haben zu wollen, das im Fernsehen gut aussieht. Du brauchst es wahrscheinlich gar nicht, und es ist vielleicht überhaupt nicht so gut, wie es aussieht.

SCHLÜSSELVERS: *Gebt acht, daß euch keiner durch die Vorspiegelungen höherer Erkenntnis betrügt. Das alles ist nur von Menschen erdacht. Es handelt nur von den kosmischen Mächten; mit Christus hat es nichts zu tun. (Kol 2,8)*

ZUSÄTZLICHE BIBELSTELLEN: *Lk 12,15; 2. Tim 3,1-9; 1. Joh 2,15-17*

ANMERKUNG FÜR DIE ELTERN: *Manche Kinder wissen nicht, daß Werbesendungen falsche Eindrücke schaffen können. Kinder besitzen noch nicht den Vorteil Ihrer Erfahrung. Sie können Werbesendungen in eine lehrreiche Erfahrung verwandeln, indem Sie aufzeigen, auf welche Weise der Zuschauer irregeführt wird. Vielleicht können Sie selbst eine Geschichte erzählen, wie Sie sich von einem Werbespot beeinflussen ließen.*

A: Drogen, die uns als Medizin verschrieben werden, darf man nehmen. Es ist sogar so, daß Ärzte manche Drogen als Arzneimittel verabreichen.

Wenn wir krank sind, soll diese Arznei uns helfen, wieder gesund zu werden. Wir müssen dann die Anweisungen des Arztes genau befolgen und die Medizin in der richtigen Menge und auf die richtige Weise einnehmen, damit sie uns helfen kann. Aber Drogen oder Rauschgift einfach so zu nehmen, ist sehr schlecht für uns. Deshalb gibt es Gesetze über Drogen.

Drogen, die uns schaden können, sind durch unser Gesetz verboten. Manche Leute verwenden solche Drogen, weil sie sich dadurch für eine kurze Zeit gut fühlen. Aber oft werden sie abhängig davon, und dann beherrschen diese Drogen ihr Leben. Drogen können das menschliche Gehirn beeinträchtigen, so daß die Leute dann nicht mehr richtig denken können. Drogen können sogar Menschen umbringen.

Wir sollten keiner Sache, die wir zu uns nehmen, die Kontrolle über unseren Körper überlassen – ob es sich nun um Essen handelt oder um Getränke, um Drogen, Alkohol oder irgend etwas anderes. Nur Gott soll unser Leben regieren. Gott möchte, daß wir gut auf unseren Körper achtgeben. Drogen zerstören unseren Körper. Halte dich grundsätzlich von allen unerlaubten Drogen fern.

SCHLÜSSELVERS: *Betrinkt euch nicht; denn der Wein macht haltlos. Laßt euch lieber vom Geist Gottes erfüllen. (Eph 5,18)*

ZUSÄTZLICHE BIBELSTELLEN: *1. Kor 6,19*

WEITERE FRAGEN:
Warum ist es falsch, Alkohol zu trinken?
Warum ist Rauchen falsch?
Warum ist es falsch, eine einzige Zigarette zu rauchen?
Warum nehmen Menschen Drogen?
Warum gibt es Drogen?

**WARUM HASSEN MANCHE
WEISSEN UND SCHWARZEN
MENSCHEN SICH
GEGENSEITIG?**

Haß ist eines der Probleme auf der Welt, die durch die Sünde verursacht werden. Es gibt viele Gründe, weshalb Menschen wütend werden und andere Menschen hassen. Etwas, das eine andere Person gesagt oder getan hat, hat sie womöglich verärgert – sie fühlen sich vielleicht beleidigt oder verletzt. Sie sind vielleicht verbittert über etwas, das die Verwandten einer anderen Person früher einmal getan haben. Aber Haß ist falsch. Gott sagt zu uns, daß wir lieben sollen, nicht hassen. Wenn jemand uns verletzt, sollen wir ihm vergeben und versuchen, diese Beziehung wieder in Ordnung zu bringen.

Manche Leute hassen andere Menschen aus sehr dummen Gründen. Ihnen gefällt vielleicht die Religion, die Nationalität, die Nachbarschaft, die Schule oder die Hautfarbe einer anderen Person nicht. Eine sehr lange Zeit haßten viele weiße Menschen die schwarzen Menschen einfach nur, weil sie schwarz waren. Und viele schwarze Menschen haßten weiße Leute, nur weil sie weiß waren. Manche Leute waren grausam und gemein zu anderen Menschen, die eine andere Abstammung und Herkunft hatten als sie selbst.

Gott will das nicht. Gott möchte, daß alle Arten von Menschen zusammenleben, zusammenarbeiten und miteinander Gott dienen. Wir sollten *allen* Menschen Achtung und Liebe entgegenbringen – auch wenn sie ganz anders sind als wir.

SCHLÜSSELVERS: *Es hat darum nichts mehr zu sagen, ob einer Jude ist oder Nichtjude, ob er Sklave ist oder frei, ob Mann oder Frau. Durch eure Verbindung mt Jesus Christus seid ihr alle zu einem Menschen geworden. (Gal 3,28)*

ZUSÄTZLICHE BIBELSTELLEN: *Kol 3,11-14; Jak 2,14-17; 1. Joh 4,20-21; Offb 7,9; Offb 20,11-15*

ANMERKUNG FÜR DIE ELTERN: *Achten Sie darauf, was Sie selbst sagen und tun. Springen Sie über Ihren eigenen Schatten und bauen Sie positive Beziehungen zu Menschen auf, die anders sind als Sie. Zeigen Sie Ihrem Kind durch Ihr Reden und Vorbild, daß es alle Menschen mit gleichem Respekt behandeln soll.*

F: WENN ICH JEMANDEN SEHE, DER ARM IST, MUSS ICH IHM DANN GELD GEBEN?

Die Bank, die sich um sie kümmert!

DIE FREUNDLICHE BANK

A: Es gibt sehr viele arme Menschen auf der Welt. Viele Menschen betteln um Geld, damit sie sich etwas zu essen kaufen können. Es macht uns traurig, wenn wir sehen, wie Leute betteln, und wir wünschen uns dann, wir könnten allen Menschen helfen. Manchmal gehen wir an vielen Menschen vorbei, die um Geld bitten. Es versteht sich von selbst, daß wir nicht jeder armen Person Geld geben können. Würden wir das tun, würde unser Geld sehr bald ausgehen und wir wären dann selbst arm. Aber wir können und sollen *einigen* armen Menschen helfen. Wir können Menschen in unserer Nachbarschaft unterstützen, indem wir ihnen im Haushalt helfen und ihnen etwas zu essen bringen. Wir können unseren Kirchen und Gemeinden und den christlichen Hilfsorganisationen Geld geben. Solche Organisationen helfen armen Menschen in unserer Umgebung und überall auf der Welt. Wir können unsere Zeit einer örtlichen Missionsgesellschaft zur Verfügung stellen. Gott möchte, daß wir liebevoll und freundlich zu anderen Menschen sind. Er möchte, daß wir Witwen, Gefangenen und armen und hungrigen Menschen seine Liebe zeigen. Wenn wir armen Menschen helfen, handeln wir so wie Jesus.

SCHLÜSSELVERS: *Es wird in eurem Land immer Arme geben; deshalb befehle ich euch: Unterstützt eure armen und notleidenden Brüder! (5. Mose 15,11)*

ZUSÄTZLICHE BIBELSTELLEN: *2. Mose 23,10-11; 3. Mose 25,35; Am 8,4-6; Mt 25,34-40; Lk 4,18; Jak 2,2-6*

WEITERE FRAGEN: *Ist es in Ordnung, wenn man für Spielsachen und andere Dinge betet?*
Warum soll ich Gott Geld geben?

ANMERKUNG FÜR DIE ELTERN: *Es gibt viele kleine Möglichkeiten, wie Sie die Bereitschaft zu teilen in Ihrer Familie fördern können. Sie können sich auch überlegen, was Sie als Familie geben können. Sie können einer Hilfsorganisation Ihre Zeit und andere Mittel wie Kleider oder Möbel zur Verfügung stellen.*

F: IST ES FALSCH, GERÜCHTE ZU VERBREITEN?

A: Ein Gerücht (man sagt manchmal auch Klatsch oder Tratsch dazu) ist eine Geschichte über eine andere Person oder eine Sache. Alle Leute reden darüber, ohne wirklich zu wissen, ob diese Geschichte stimmt oder nicht. Manchmal sind Gerüchte völlig falsch, aber sie werden verbreitet, weil irgend jemand eine falsche Information bekommen hat. Manchmal sind Gerüchte sogar vorsätzliche Lügen, die jemand verbreitet, um einen anderen Menschen dadurch zu verletzen. Manchmal sind Gerüchte teilweise richtig, aber sie erzählen nicht die ganze Geschichte. Sogar wenn eine Geschichte zu Beginn richtig war, wird sie normalerweise immer stärker verändert und ist nur noch teilweise wahr, nachdem einige Leute sie weitererzählt haben. Gerüchte richten fast immer mehr Schaden an, als sie Gutes tun.

Wenn du etwas Schlechtes über eine andere Person hörst, dann erzähl diese Geschichte nicht einfach weiter. Versuche zuerst herauszufinden, ob sie überhaupt stimmt. Wenn du entdeckst, daß diese Geschichte wahr ist, hast du zwei Möglichkeiten, zwischen denen du dich entscheiden solltest: 1. Du kannst die ganze Sache einfach fallenlassen und vergessen. 2. Du kannst mit demjenigen reden, den diese Sache betrifft, und versuchen, ihm zu helfen. Gott will, daß wir zu anderen Menschen liebevoll und freundlich sind. Wenn wir böse Geschichten weitererzählen oder Gerüchte verbreiten, sind wir nicht liebevoll und freundlich.

SCHLÜSSELVERS: *Ein heimtückischer Mensch sät überall Streit, und ein Verleumder bringt Freunde auseinander. (Spr 16,28)*

ZUSÄTZLICHE BIBELSTELLEN: *Spr 20,19; 2. Kor 12,20*

WEITERE FRAGEN: *Warum ist es falsch, über andere Leute zu reden?*

ANMERKUNG FÜR DIE ELTERN: *Denken Sie daran, daß Ihr Kind sich an der Art und Weise orientiert, wie Sie selbst über andere Menschen reden. Bemühen Sie sich, in Ihren Gesprächen über andere Personen Fakten nicht mit Vermutungen zu verwechseln.*

FABIANS VORSTELLUNG

A: Wenn du auf einer öffentlichen Straße mit einem Auto fährst und keinen Führerschein besitzt, brichst du dadurch das Gesetz. Wenn du mit einem Auto auf einem Privatgelände fährst (zum Beispiel in einer Auffahrt) und keinen Führerschein hast, benimmst du dich sehr töricht. Das gilt in jedem Fall – egal wie lange du mit dem Auto fährst, ob vier Sekunden oder vier Stunden. Ein Auto ist eine riesige Maschine, die eine Menge Kraft hat. Sie kann für dich und andere Menschen sehr gefährlich werden. Aus diesem Grund muß man Fahrstunden nehmen und eine Prüfung bestehen, um einen Führerschein zu bekommen.

SCHLÜSSELVERS: *Laßt euch künftig durch nichts davon abbringen, alles zu befolgen, was im Gesetzbuch Moses aufgeschrieben ist. Richtet euch genau danach und weicht nicht vom geraden Weg ab. (Jos 23,6)*

ZUSÄTZLICHE BIBELSTELLEN: *Jak 2,10*

ANMERKUNG FÜR DIE ELTERN: *Eine solche Frage kann davon herrühren, daß ein Kind glaubt, es wäre in Ordnung, wenn man nur die Buchstaben des Gesetzes befolgt. Außerdem werden manche Kinder versuchen, herauszufinden, ob eine Vorschrift unter gewissen Umständen gebrochen werden kann, so daß sie diese Regel dann noch weiter ausdehnen können. Falls es nämlich in Ordnung wäre, ein Auto vier Sekunden lang zu steuern, wären acht Sekunden dann nicht ebenfalls in Ordnung?*

WAS IST, WENN ICH GELOGEN HABE UND NICHT WUSSTE, DASS ES EINE LÜGE WAR – IST ES DANN TROTZDEM EINE LÜGE?

A: Es ist *keine* Lüge, wenn du glaubst, daß etwas stimmt, und diese Information weitergibst. Auch wenn es in Wirklichkeit dann doch nicht stimmt.

Aber das, was du sagst, kann anderen Menschen schaden, wenn es falsch ist. Aus diesem Grund ist es so wichtig, die Tatsachen zu überprüfen und sich zu vergewissern, daß sie stimmen – vor allem, wenn etwas seltsam klingt oder du dir nicht ganz sicher bist. Nehmen wir einmal an, du hörst von einem Freund, daß das Schulkonzert um 20.00 Uhr beginnen wird, aber es beginnt in Wirklichkeit bereits um 19.30 Uhr. Es wäre gut, wenn du dich noch einmal vergewissern würdest, bevor du deinen Eltern von diesem Konzert erzählst. Stell dir nur vor, wie sie sich fühlen würden, wenn sie eine halbe Stunde zu spät kommen würden.

Gib acht, daß du nicht zu viel redest. Wenn du nicht sofort drauflos redest, wirst du nicht so leicht durch das, was du sagst, in Schwierigkeiten kommen. Es ist zu deinem eigenen Vorteil, wenn die Leute wissen, daß sie sich auf die Dinge verlassen können, die du sagst. Falls du befürchtest, daß du gelogen haben könntest, ohne es zu wissen, sprich mit Gott darüber. Er wird dir vergeben.

SCHLÜSSELVERS: *Denkt daran, liebe Brüder: Jeder soll stets bereit sein zu hören, aber sich Zeit lassen, bevor er redet, und noch mehr, bevor er zornig wird. (Jak 1,19)*

ZUSÄTZLICHE BIBELSTELLEN: *Spr 14,3; Spr 17,28; Spr 18,21; Spr 29,20; Koh 5,2; Kol 4,6; Hebr 10,24*

ANMERKUNG FÜR DIE ELTERN: *Bringen Sie Ihren Kindern bei, zu sagen: »Ich weiß es nicht« oder »Ich bin nicht sicher«, falls Ihre Kinder nicht alle Fakten kennen. Zum Beispiel ist: »Ich weiß es nicht genau, aber ich glaube, es fängt um 20.00 Uhr an« besser als: »Es beginnt um 20.00 Uhr.« Erklären Sie Ihren Kindern, daß es in Ordnung ist, wenn man sich nicht sicher ist. Dann werden sie nicht mehr so schnell falsche Informationen an andere weitergeben.*

hänssler

101 Kinderfragen nach Gott

Tb., 144 S., zahlreiche Cartoons,
Nr. 392.446, ISBN 3-7751-2446-2

Warum hat Gott die Welt erschaffen?
Waren Dinos auf der Arche?
Warum hat Gott Menschen mit verschiedenen Haut-
farben gemacht?
Wie sieht Gott aus? Schläft er manchmal?
Warum sterben manche Menschen, bevor sie alt sind?

Erfahrene Mitarbeiter in der Kinder- und Jugendarbeit
und Eltern wissensdurstiger »Kids« haben in diesem
Buch wohlüberlegte, kindgemäße Antworten auf »typische« Kinderfragen nach Gott zusammengetragen. Mit
Schlüsselstellen aus der Guten Nachricht und Anmer-
kungen für Eltern.

Bitte fragen Sie in Ihrer Buchhandlung nach diesem
Buch! Oder schreiben Sie an den Hänssler-Verlag,
Postfach 12 20, D-73762 Neuhausen-Stuttgart.

hänssler

Ute Mayer (Hg.)

102 Kinderfragen zur Bibel

Tb., 224 S., zahlr. Cartoons,
Nr. 392.544, ISBN 3-7751-2544-2

Warum brachten die Leute in der Bibel Tiere für den
Gottesdienst um?
Warum gibt es keinen Winter in den biblischen
Geschichten?
Wieviele Menschen haben die Bibel geschrieben?
Warum brachte Kain seinen Bruder um?

Lassen Sie sich nicht von diesen herausfordernden Fragen aus der Ruhe bringen. Stellen Sie sich ihnen vielmehr, bevor Ihre Kinder aus dem Fragealter herauswach-
sen. Dieses Buch enthält wohlüberlegte, kindgemäße Antworten auf »typische« Fragen, die Kinder stellen, wenn
sie die Bibel lesen.

Bitte fragen Sie in Ihrer Buchhandlung nach diesem
Buch! Oder schreiben Sie an den Hänssler-Verlag,
Postfach 12 20, D-73762 Neuhausen-Stuttgart.

hänssler

Das große Buch des Bibelwissens

Gb., 26,5 × 21,6 cm, 320 S., farb. ill.,
Nr. 392.359, ISBN 3-7751-2359-8

Von A-Z alles Wissenwerte aus, um und in der Bibel, humorvolle Illustrationen und leicht verständliche Erklärungen machen dieses Buch zu einem wertvollen Begleiter.

Da gibt es Informationen über einzelne Personen der Bibel, über die Lebensgewohnheiten der Menschen zur Zeit der Bibel, über die einzelnen Tiere, die in der Bibel vorkommen, über Wunder, über Jesus und vieles andere mehr.
Ab 8 Jahren

Bitte fragen Sie in Ihrer Buchhandlung nach diesem Buch! Oder schreiben Sie an den Hänssler-Verlag, Postfach 12 20, D-73762 Neuhausen-Stuttgart.

hänssler

Reihe: Willi Waschbär

jeweils gb., 17 × 23,5 cm, 48 S., farb. Illustrationen.

Willi Waschbär und das große Fest
Nr. 392.089, ISBN 3-7751-2089-0

Willi Waschbär und der Wettlauf
Nr. 392.090, ISBN 3-7751-2090-0

Willi Waschbär und der brausende Wasserfall
Nr. 392.302, ISBN 3-7751-2302-4

Willi Waschbär und der finstere Wald
Nr. 392.303, ISBN 3-7751-2303-2

Willi Waschbär und der Riese
Nr. 392.530, ISBN 3-7751-2530-2

Willi Waschbär und die Flugmaschine
Nr. 392.531, ISBN 3-7751-2531-0

Willi Waschbär und der Zirkusdirektor
Nr. 392.555, ISBN 3-7751-2555-8

Das Handspieltier
Nr. 392.091

Diese parabelähnlichen Geschichten erzählen die Abenteuer des witzigen und schelmischen Willi Waschbärs und vermitteln dabei leicht verständlich wichtige Grundlagen des Glaubens. Geeignet zum Lesen und Vorlesen in der Familie, für Kinder- und Jungschargruppen.
Ab 4 Jahren

Bitte fragen Sie in Ihrer Buchhandlung nach diesen Büchern! Oder schreiben Sie an den Hänssler-Verlag, Postfach 12 20, D-73762 Neuhausen-Stuttgart.